信息科学技术学术著作丛书

查询推荐理论与方法

蔡 飞　陈洪辉　蒋丹阳　陈皖玉　著

科学出版社

北　京

内 容 简 介

　　本书较全面地介绍信息检索中查询推荐理论与方法,描述查询推荐的研究背景、模型概述、实验框架和实现方法。具体阐述前缀自适应和时间敏感的个性化查询推荐、基于同源查询词和语义相关性的查询推荐、多样化查询推荐和选择性个性化查询推荐等理论方法。

　　本书许多内容是作者近年来在信息检索领域的最新研究成果,具有较强的学术性和原创性。本书内容丰富、概念准确、叙述严谨、图文并茂,理论与实验相结合,可作为高等院校和科研院所计算机科学与技术、软件工程、计算机应用技术、信息系统工程等相关专业的高年级本科生或者研究生的参考书,也可供软件开发相关领域的研究人员借鉴和参考。

图书在版编目(CIP)数据

查询推荐理论与方法/蔡飞等著. —北京:科学出版社,2017

(信息科学技术学术著作丛书)

ISBN 978-7-03-051200-0

Ⅰ.查… Ⅱ.蔡… Ⅲ.信息检索 Ⅳ.G254.9

中国版本图书馆 CIP 数据核字(2016)第 303224 号

责任编辑:魏英杰 / 责任校对:桂伟利
责任印制:徐晓晨 / 封面设计:陈 敬

科学出版社出版

北京东黄城根北街 16 号
邮政编码:100717
http://www.sciencep.com

北京建宏印刷有限公司 印刷
科学出版社发行 各地新华书店经销

*

2017 年 1 月第 一 版 开本:720×1000 1/16
2018 年 3 月第三次印刷 印张:12 3/4
字数:260 000

定价:80.00 元
(如有印装质量问题,我社负责调换)

《信息科学技术学术著作丛书》序

21世纪是信息科学技术发生深刻变革的时代,一场以网络科学、高性能计算和仿真、智能科学、计算思维为特征的信息科学革命正在兴起。信息科学技术正在逐步融入各个应用领域并与生物、纳米、认知等交织在一起,悄然改变着我们的生活方式。信息科学技术已经成为人类社会进步过程中发展最快、交叉渗透性最强、应用面最广的关键技术。

如何进一步推动我国信息科学技术的研究与发展;如何将信息技术发展的新理论、新方法与研究成果转化为社会发展的推动力;如何抓住信息技术深刻发展变革的机遇,提升我国自主创新和可持续发展的能力?这些问题的解答都离不开我国科技工作者和工程技术人员的求索和艰辛付出。为这些科技工作者和工程技术人员提供一个良好的出版环境和平台,将这些科技成就迅速转化为智力成果,将对我国信息科学技术的发展起到重要的推动作用。

《信息科学技术学术著作丛书》是科学出版社在广泛征求专家意见的基础上,经过长期考察、反复论证之后组织出版的。这套丛书旨在传播网络科学和未来网络技术,微电子、光电子和量子信息技术、超级计算机、软件和信息存储技术、数据知识化和基于知识处理的未来信息服务业、低成本信息化和用信息技术提升传统产业,智能与认知科学、生物信息学、社会信息学等前言交叉科学,信息科学基础理论,信息安全等几个未来信息科学技术重点发展领域的优秀科研成果。丛书力争起点高、内容新、导向性强,具有一定的原创性,体现出科学出版社"高层次、高质量、高水平"的特色和"严肃、严密、严格"的优良作风。

希望这套丛书的出版,能为我国信息科学技术的发展、创新和突破带来一些启迪和帮助。同时,欢迎广大读者提出好的建议,以促进和完善丛书的出版工作。

中国工程院院士
原中国科学院计算技术研究所所长

前　　言

查询推荐是当今主流搜索引擎或者信息检索系统的一个主要功能，就是当用户使用搜索引擎或者信息检索系统时，在输入查询短语的过程中，检索系统根据用户输入的查询短语前缀，推荐给用户一组查询候选词供用户点击选择，从而帮助用户完成查询短语的构建。这些查询短语往往都是其他用户先前提交给检索系统的查询短语。目前，查询推荐方法主要依赖于检索系统搜集到的用户查询日志，来挖掘用户相关信息，预测用户查询意图，从而提供给用户一组其最有可能提交的查询短语列表。

在本书中，我们将介绍信息检索中查询推荐相关理论与实现方法，包括时效性敏感的个性化查询推荐方法、基于机器学习的查询推荐模型、多样化查询推荐方法和选择性的个性化查询推荐方法。通过大量的实验验证，本书提出的查询推荐方法合理有效，模型性能指标显著提高。我们相信，本书中的研究成果可以为搜索引擎的功能设计和检索系统的查询推荐优化提供帮助，辅助信息检索用户快速获取所需的信息，从而提高用户使用满意度。

本书共8章。第2章作为查询推荐方法的相关研究概述，可以使读者对当前研究现状有初步的了解。第3章介绍研究章节中实验部分的测试数据集，以及算法评估度量指标，同时简单介绍用作实验比较的若干查询推荐传统方法。第4章～第7章可单独阅读，因为这些章节的主要内容相对于其他章节是独立的，分别介绍不同的查询推荐算法模型。最后，阅读第1章和第8章可以得到本书各个研究内容的一个小结，而且为本章中前面提出的问题提供深刻见解。

本书内容是国防科学技术大学信息系统与管理学院信息系统工程重点实验室众多科研人员多年学习、研究沉淀的成果。第 1 章、第 2 章和第 8 章由蔡飞撰写,第 3 章由陈洪辉撰写,第 4 章和第 5 章由蒋丹阳撰写,第 6 章和第 7 章由陈皖玉撰写。陈洪辉负责全书的内容组织与统稿。罗雪山教授、刘俊先教授、罗爱民教授、舒振副研究员、陈涛讲师等对本书的撰写提供了指导意见,在此对他们的辛勤工作和热心帮助表示衷心的感谢。本书的出版得到了装备预先研究项目"XX 主动推荐技术"(315100103)、"XX 能力评估技术"(315010201)、"XX 结构框架及工具"(315010103)、"XX 设计与优化技术"(414050103)和装备预研基金项目"XX 概念体系和关键技术"(6141B08010101)等项目的资助,在此一并表示感谢。

查询推荐理论与方法是当前信息检索领域处于科学前沿的课题之一,相关的理论和技术还在发展之中,新的查询推荐思想、理论和方法技术还在不断完善和验证中。限于作者水平,书中不妥之处在所难免,恳请读者批评指正,共同推动查询推荐理论和方法研究的进步和发展。

作　者

2016 年 10 月于长沙

目　录

第1章 绪 论

信息检索(information retrieval, IR)是指信息按照一定的方式组织起来,并根据用户的需要找出能解决用户信息需求的过程和技术。可见信息检索的主要目的是解决用户的信息需求。一般信息检索活动主要包括用户向搜索系统提交查询词汇、检索系统计算文档和查询的相关度、检索系统返回与查询相关的文档。20世纪50年代以来,信息检索领域研究的主要检索对象是文本文档,如网页、邮件、学术论文、书籍和新闻报道等[1]。这些典型的文档由特定的格式来存储标题、作者、日期和摘要等,这种结构要素通常称为属性或字段。信息检索中的文档信息与数据库中的记录信息,如银行账户记录、航班预约等的重要区别在于绝大部分文档信息是以文本形式存在的,没有固定的结构属性[1]。信息检索的研究主要集中在开发排序算法来生成信息排序列表,回应用户的查询,从而满足他们的需求。

在对文件排序之前,一个检索系统需要获取来自用户的查询。然后,系统估计出文档与查询的相关度,按照此相关度对文件进行排序。查询构建是为了帮助搜索引擎用户构建所需要的查询而产生的。信息检索系统主要包括一个文本库,用于计算权重、扩展与查询构建活动有关的内容。查询构建的主要范围涉及查询推荐、查询重写、查询转换等,目的是为了更好地描述用户的潜在查询意图。因此,查询构建的最终目标是提高返回给用户的排序文件的整体相关度。作为查询构建工作的一项任务,查询推荐(query auto completion)需要在用户仅仅输入一些前缀,如几个字符时就可以帮助用户构想出整个查询问题[2-4]。查询推荐的主要目的是预测用户的查询意图,从而减少用户输入查询的字符数,减少用户的查询构建时间。随着即时搜索,如 Google Instant 的出现,正确的查询推荐变得非常重要,这决定了用户获取正确信息的时间,因为用户可以及时看到检索系统返回的相关结果[3]。查询推荐已经成为当下主流搜索引擎,如 Bing、Google、Yahoo!、Baidu 等,以及一些在线应用的显著功能,如网购、电子邮件服务等。在查询推荐的预计算系统中,与查询前缀匹配的查询候选词汇列表是预先生成并存储在一个高效数据结构中的,这样做的目的是便于快速查找。

　　如图 1.1 所示,在信息检索系统中,输入字符时系统会首先返回一组匹配的查询推荐列表,当用户继续输入字符时,查询推荐列表也在不断地更新。检索系统查询推荐功能的应用极大地改善了用户检索体验,对检索结果的满意度也产生了深远的影响,因此查询推荐被搜索引擎用户广泛采纳[3,4]。

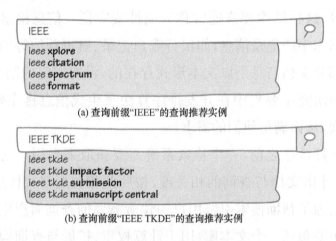

(a) 查询前缀"IEEE"的查询推荐实例

(b) 查询前缀"IEEE TKDE"的查询推荐实例

图 1.1　检索系统查询推荐实例

　　在查询推荐问题上,一个直接有效的方法是从一段时间内的查询记录中提取查询及其前缀,统计各个查询短语的出现次数,即频率,再根据查询短语的频率进行排序[3-5]。这种方法假定当前和未来查询的频率与过去已知的查询频率保持一致。虽然这种方法得出的查询推荐结果在满意度上较好,但远达不到最佳状态,因为这种方法未能将时间、趋势和特定用户的偏好等重要因素考虑在内,而这些信息通常会影响查询推荐排序的结果。

早前的工作[3,4]表明,时间序列分析技术可以用来对带有季节性意图的查询进行分类,并预测其未来的查询次数,这意味着可以将这些策略嵌入到基于频率的查询推荐和查询分类方法中。本书将继续调查查询频率的特性变化,并开发一种时效性的查询推荐方法。这种方法不仅仅是结合用户个人搜索记录形成的偏好模型,而是将短期记录(当前会话)和长期记录(先前历史)都考虑在内。提出的方法能够提升对用户查询意图的感知,能将用户最终提交的查询返回在查询推荐列表的靠前位置。在此基础上,扩展初始的查询推荐模型,我们通过学习优化,使得初始模型中来自查询频率和用户特征的贡献达到最优化,因此可以更好地为一些不常见的查询前缀提供查询推荐列表。

基于频率的查询推荐方法[3-5]在统计查询次数时遵循严格的查询匹配原则,使用这种方法,我们认为相似查询对基于查询频率的查询推荐方法也至关重要。因此,在对最初查询备选词排序时,可以将同源相似查询的频率也考虑进来。同源相似查询主要包括与原始查询具有相同的查询字,但顺序不同的查询,或者对原始查询备选词汇进行适当扩充的查询。此外,我们将查询字之间的语义相似度特征融入查询推荐方法中,认为用户在构建查询时倾向于将语义上有联系的词汇组合起来。因此,基于一组最新构建的特征,我们提出一个基于排序学习的查询推荐方法,通过对特征的训练,直接建立查询推荐的排序模型。实验表明,语义关联性和同源相似查询的特征非常重要,而且确实能带来查询推荐性能的提升。

本书工作的第 3 个重点是多样化查询推荐,这在目前还未被很好地研究。先前的研究工作主要围绕在反馈给用户一组查询推荐列表,着眼于将用户最可能想输入的查询放在顶部,但是却忽略了备选查询列表中的冗余度。因此,输入前缀的语义相关的查询经常会被一起返回给用户,有可能导致有价值的查询推荐无法出现在有限长度的查询推荐列表中,进而导致非最大化的用户满意度。与多样化网页搜索结果[6-10]目的不同,多样化查询推荐的目的是既要将用户可能的查询推荐返回在查询推荐列表的靠前位置,同时又要减少查询推荐列表的冗余度。我们提出一个查询推荐的贪婪算法,这种算法是以备选查询词汇当前的搜索频率和在同一个会话中先前的查询意图为依据,来预测查询推荐排序。我们采用国际公认的指标来衡量查询推荐的准确率和查询推荐的多样化。

为了满足用户特定的信息需求,可以将用户的搜索历史和兴趣考虑进来[11],建立个性化的用户查询推荐模型。个性化查询推荐方法的研究已经开展了一段时间,取得了较好的实验效果[3,12]。这类个性化查询推荐方法以一个固定的方式来个性化查询推荐列表。然而,我们认为个性化在不同检索环境中对查询推荐列表的排序作用并不一致,因此我们的关注点在于将个性化有选择地融入到查询推荐模型中。基于个性化查询推荐策略(考虑查询频率和个性化搜索意图),提出选择性的个性化查询推荐(SP-QAC)模型,来权衡查询频率和个性化搜索意图的贡献。具体而言,我们以一个回归模型为基础,在每种查询推荐测试中估计预测权衡参数,主要依据来自用户已经输入的查询前缀、点击的文件和先前的查询等,这些信息都会用于挖掘个性化在查询推荐模型中的权重。实验结果表明,个性化可以有选择地嵌入到一个传统查询推荐模型中,而不是固定地应用到查询推荐的框架中,这样可以进一步提高查询推荐的性能[13]。

1.1　研究概述与研究问题

推动本书研究的最终问题是,我们怎样提高信息检索中查询推荐(查询推荐)的性能。本书第 2 章对解决这个问题提出一些方法策略,但是诸如如何更好地将时间、用户情景或语义等信息融入查询推荐方法中还有待研究。本书将主要介绍信息检索领域查询推荐研究的相关理论和技术方法。

首先,我们把重点放在如何结合查询推荐中时效性特点和用户个性化特性上。在之前的工作中,时效性查询推荐模型和用户个性化查询推荐方法已经分别得到发展。不论是时效性,还是个性化,这两类查询推荐方法都取得了较好的研究进展。在本书中,我们首先提出一种时效性查询推荐模型[14,15],也就是 λ-TS-QAC 模型和 λ^*-TS-QAC 模型,分别引入一个固定的权衡因子 λ 和一个最优权衡因子 λ^*,来控制预测查询频率时近期趋势和周期性信息的贡献度。考虑到查询搜索频率的季节性变化[4]和近期趋势[11]可用于预测查询短语的未来频率,我们试图了解这两部分是如何整合的,来提高基于时效性信息预测查询频率的准确性。对比多种预测模型得出结果,同时来回答以下几个研究问题。

问题 1:作为一个合理的测试,多种不同预测模型得到的查询频率预测准确性怎么样?

问题 2:提出的时效性查询推荐模型(λ-TS-QAC 和 λ^*-TS-QAC)性能相比当前最先进的时效性查询推荐方法的准确率如何?

在回答这两个研究问题的过程中,我们发现基于周期性和近期查询流行趋势的预测方法可以得出查询频率的正确预测,而且就预测指标平均绝对误差(mean absolute error,MAE)和对称平均百分比误差(symmetric mean absolute percentage error,SMAPE)来说,比其他基于预测模型都要好。基于各预测模型的查询频率,我们提出的时效性查询推荐模型的查询推荐准确率指标排序倒数均值(mean reciprocal rank,MRR)有较大幅度的提高。

在此基础上,我们提出一种混合查询推荐模型 λ^*-H-QAC,将时效性和个性化因素同时考虑进来,并与基于 n-gram 的混合查询推荐模型 λ^*-H_G-QAC 进行了性能比较。此外,提出 λ^*-H-QAC 模型的扩充模

型 λ^*-H'-QAC,通过最优化查询频率预测贡献和用户个性化特征贡献的权重,来处理长尾前缀,即非常见前缀的查询推荐。为了验证提出模型的有效性,我们回答以下问题。

问题 3:λ^*-H-QAC 模型的查询推荐准确率相比传统的时效性查询推荐方法,如 λ^*-TS-QAC 性能有何变化?

问题 4:相比基于 n-gram 的混合个性化查询推荐模型,λ^*-H-QAC 模型性能如何?

问题 5:λ^*-H-QAC 模型和 λ^*-H_G-QAC 模型的实验结果有何差异?

问题 6:在长尾前缀的查询推荐问题上,λ^*-H'-QAC 模型和 λ^*-H-QAC 模型性能有何差异?

实验结果表明,在整合了以用户为中心的搜索环境和时效性查询推荐模型后,我们的方案,即混合查询推荐方法大大提高了查询推荐的排序效果。

通过分析先前发展较为成熟的查询推荐技术,可以发现当下大多数查询推荐模型是用频率(即查询次数)给备选查询排序的,但是这类方法在统计查询次数时遵循严格的查询匹配原则。也就是说,忽略来自相似查询(查询字相同但顺序不同的查询或对原始查询进行扩充的查询)的贡献。由于相似查询往往表达出极其相似的搜索意图,而且目前的查询推荐方法经常忽视查询字之间的语义相关性。然而,用户在构建查询时倾向于将语意相关的字词结合起来。为了处理这一缺陷,在基于用户行为分析的排序学习查询推荐模型(L2R-U 模型)[12] 的基础上,我们提出一组基于排序学习查询推荐模型,将来源于预测频率、相似查询和语义相关性等特征分别引入询推荐模型。

具体而言,我们提出如下模型。

① L2R-UP 模型,挖掘查询推荐短语的观察频率和预测频率。

② L2R-UPH 模型,挖掘查询推荐短语的同源相似查询的观察频

率和预测频率。

③ L2R-UPS 模型,挖掘查询推荐短语中多个查询字之间,以及与历史查询之间的语义相关性。

④ L2R-ALL 模型,挖掘查询推荐短语的同源相似查询和语义相关性的所有特征。

关于这些新模型,我们提出以下研究问题。

问题 7:相比 L2R-U 模型,新挖掘的查询推荐短语的观测频率和预测频率对提升查询推荐性能是否有帮助,即 L2R-UP 模型和 L2R-U 模型性能比较如何?

问题 8:语义特征对改善查询推荐性能是否有帮助,即 L2R-UPS 模型和 L2R-UP 模型性能比较如何?

问题 9:同源相似查询的特征对改善查询推荐性能是否有帮助,即 L2R-UPH 模型与 L2R-UP 模型性能比较如何?

问题 10:L2R-UPS 模型与 L2R-UPH 模型性能比较如何? 当融入全部特征,查询推荐的性能有何变化?

问题 11:在所有特征中,哪些特征对提高查询推荐性能影响最大?

我们的实验分析表明,语义相关性和同源相似查询的特征非常重要,而且它们确实有助于提升查询推荐的准确率。换句话说,当一个搜索者构建一个查询时,查询字词并不是被随机结合起来构成查询短语的。语义上接近的字词更容易被联合起来构成一个查询短语。

然后,我们转向网页搜索环境中查询推荐的一个实际问题。在这种环境中,先前对查询推荐的研究主要围绕向用户提供一组查询推荐列表,将用户最可能提交的查询置于查询推荐列表的顶部,但是却忽略了查询推荐列表的冗余度。因此,与输入前缀相匹配的语义相似的查询推荐经常会一起返回。这或许会使有价值的查询推荐无法出现在列表中,因为只有有限数量的查询推荐能展示给用户,从而导致搜索活动得不到最优化。为了解决这一问题,我们提出多样化查询推荐这一研究问题(diversifying query auto completion,D-QAC)。这项工作的目的是既能将用户可能提交的查询返回在查询推荐列表的靠前位置,又能减少查询推荐列表的冗余度[16]。特别的,我们提出一组查询推荐贪婪模型(greedy query selection,GQS),包括$GQS_{MMPC+AQ}$模型、GQS_{MSR+AQ}模型、GQS_{MPC+LQ}模型和GQS_{MSR+LQ}模型。在这四个模型中,$GQS_{MMPC+AQ}$模型首先选择最流行的查询,同时使用会话中的所有早先的查询作为搜索上下文;GQS_{MSR+AQ}模型先筛选语义最相似的查询,同时使用会话中的所有早先的查询作为搜索上下文;GQS_{MPC+LQ}模型先筛选最流行的查询,同时使用会话中的最后一个查询作为搜索上下文;GQS_{MSR+LQ}模型先筛选语义最相似的查询,同时使用会话中的最后一个查询作为搜索上下文。对于这个新的D-QAC研究点,我们需要回答以下研究问题。

问题12:以查询推荐排序和多样化为度量标准,查询推荐贪婪模型(GQS)比传统的查询推荐模型性能有提高吗?

问题13:在GQS模型中,第一个入选查询推荐列表的查询词对多样化查询推荐列表有怎样的影响?

问题14:在GQS模型中,查询上下文的选择对多样化查询推荐列表有怎样的影响?

问题15:当进行并排比较(side-by-side comparison)时,GQS模型的D-QAC性能怎么样?

问题16:GQS模型的灵敏性怎么样?具体而言,诸如返回的查询推荐备选项的数量N、在贝叶斯矩阵分解中用到的潜在特征数量k_f、权衡因子λ等因素,对GQS模型性能有怎样的影响?

GQS模型在排序查询推荐的时候主要基于当前查询推荐的搜索频率,以及同一搜索会话中先前的提交查询,对查询意图进行预测。查询候选词的频率可以直接由用户的查询记录进行统计获得。然而,查询意图隐含在之前搜索环境中点击的文件中。为了确定查询的意图,我们利用一个基于开放式目录的层级对查询中点击的文件进行分类。贝叶斯概率矩阵分解(Bayesian probabilistic matrix factorization,BPMF)被应用于获取查询各意图的分布规律。实验结果显示,我们的查询筛选贪婪模型在不影响查询推荐排序准确率的前提下,可以使得查询推荐列表包含更多主题的查询推荐短语。

最后,我们专注于怎样将个性化有效地融入一般的查询推荐方法中。假定个性化的权重在一个混合查询推荐模型(在对查询推荐进行排序时,同时考虑搜索频率和搜索环境的贡献)中不可以固定地分配。在一个传统的个性化查询推荐模型中,通常会指定查询频率和搜索环境两者贡献的权衡因子,我们提出一个选择性个性化查询推荐模型(selectively personalizing query auto completion,SP-QAC)来研究这个权衡因子。具体而言,在回归模型的基础上,我们在每个输入前缀中都预测一个有效的权衡因子,而在这个回归模型中,我们考虑了以下几个因素,即会话内输入的前缀、点击的文件,以及之前的查询,来考察查询推荐算法中个性化的权重。我们的研究包括以下问题。

问题 17:与传统的个性化查询推荐方法相比,选择性的个性化策略对提升查询推荐排序正确率有帮助吗?

问题 18:在选择性的个性化查询推荐模型中,用来预测个性化权重的因素对模型性能有怎样的影响?

通过实验,我们发现在选择性的个性化查询推荐模型中,输入的查询是权衡个性化的最重要因素,而同一搜索会话中之前的查询比点击的文档信息有更大的作用。这项工作对如何和何时融入个性化至查询推荐模型具有很重要的意义。同时,我们会继续挖掘其他信号来研究如何权衡查询推荐模型中个性化的作用,例如用户在点击结果处的停留时间和用户长期的搜索历史。而且,我们可以聚焦在每一个特殊用户身上,来了解其在使用查询推荐中个性化的影响。这些问题都有待进一步的研究。

1.2　本书主要贡献

（1）一个研究个性化查询推荐的前缀自适应和时效性方法

由于之前的时效性和用户特有的查询推荐方法已经分别得到发展[13]，产生重要促进作用的方法可能没有考虑时效性或者没有考虑用户个性化特征，因此我们提出既有时效性，又有个性化的混合查询推荐方法[14,15]。我们对这种方法进行扩展，通过设定时效性和个性化贡献度的最优权重来处理长尾前缀的查询推荐。运用实际搜索引擎的搜索记录数据集，我们首先基于预期频率返回排名前 N 的查询推荐，频率预测主要基于当前查询频率和趋势，以及查询推荐的周期频率等特征；然后通过整合用户之前查询（包含当前会话和历史会话）的相似性来预测用户查询意图，进而对查询推荐重新排序。我们的方法比最先进的时效性查询推荐方法指标更好，就平均倒数均值整体改进 3%～7%。在最优化权重后，我们的扩展模型在平均倒数均值方面的改进达到 4%～8%。

（2）一个基于机器学习排序的查询推荐方法

我们提出一个基于机器学习的查询推荐方法[17]，首次融入由相似查询和语义相关项得到的特征。具体而言，我们考虑一个查询候选项的同源相似查询频率的观测值和预测值；一个查询的多个查询字和一个会话中多个查询词之间的语义相关性。我们用两个大规模的查询记录来实验验证模型的改进效果，结果表明提出模型的平均倒数均值和前 K 个查询的成功率（success rate@K，SR@K）指标高出传统的查询推荐模型约 9%。

（3）一个多样化查询推荐的查询筛选贪婪方法

我们研究多样化查询推荐问题，目的是在备选查询推荐列表中快速返回正确的查询推荐，同时减少备选查询推荐列表的冗余度。我们提出一个贪婪算法来解决这个多样化查询推荐问题,用两个大规模的现实查询记录数据集来验证方法的有效性,量化了查询推荐贪婪模型相对于其他算法的改进效果,结果表明无论在查询推荐排序和还是在多样化查询推荐的度量方面,我们的结果比标准的查询推荐方法更好。此外,我们采用一个基于用户判断的并行实验来验证结果的有效性。

(4)一个选择性个性化查询推荐方法

我们提出一个选择性的个性化查询推荐模型,对基于查询频率返回的前 N 个查询推荐重新排序,这个模型中个性化的权重并非是固定的。具体而言,为了权衡个性化,考虑以下影响因素,即输入的前缀,可以用来匹配查询推荐;点击的文件,推测用户的满意度;会话中之前查询的主题的转变,检测搜索意图的转换。实验结果显示,有选择性地增加或减少个性化在一般查询推荐方法中的贡献度,模型效果要优于传统的无个性化查询推荐方法、有固定权衡因子控制搜索频率和搜索环境贡献度的一般个性化查询推荐方法。

1.3 本 书 概 述

这一小节给出本书每章主要内容的概述。除了本章的介绍,我们还有两章分别概述查询推荐的主要工作和查询推荐的方法框架,以及四个研究章节介绍查询推荐方法模型,相关理论研究在信息检索领域得到了较好的应用[18-23]。各个章节的主要内容如下。

第1章绪论,介绍在信息检索中研究查询推荐的意义,给出本书的研究问题及初步研究成果概述,描述本书的主要贡献,并概述后续章节的主要内容等。

第2章查询推荐模型概述。在这一章中,我们回顾了信息检索领域查询推荐的早期工作。具体而言,主要在网页搜索方面讨论查询推荐的动机,然后指出查询推荐领域一些最新研究进展,以及潜在的相关研究方向。

第 3 章查询推荐实验研究框架。在这一章中,我们详述贯穿全文的查询推荐问题构思,描述方法模型实验所用的公开数据集,介绍实验的基本设置,构成实验评估的基础。同时,我们详细给出了度量查询推荐算法模型性能的指标,包括查询推荐排序准确率性能指标,如平均倒数均值(MRR)和成功率(SR);查询推荐多样化性能指标,如意图预期倒数排序(ERR-IA)和标准折扣累计增益(αnDCG)等。

第 4 章前缀自适应和时间敏感的个性化查询推荐方法。在这一章中,我们提出整合查询推荐问题中两个主要因素相结合的方法,即考虑了时效性因素和用户个性化因素,其中采用时间序列分析来预测查询的频率。为了获取用户的个人搜索偏好,用个性化信息来扩展时效性查询推荐方法,估计出搜索会话中当前请求和先前查询的相似性,以及先前搜索任务的相似性,从而推测用户信息检索意图。我们在两个数据集上实验验证了混合模型的有效性,结果显示了在多种时效性查询推荐指标上的重要改进。而且,我们调整模型来解决特别的长尾前缀问题,模型性能可以得到进一步的改善,尤其是在查询前缀较短时,模型性能改善明显。

第 5 章基于同源查询词和语义相关性的查询推荐方法。在这一章中,我们利用基于监督机器学习的排序方法来解决查询推荐的排序问题。我们提取来自同源相似查询和语义相关性的特征,融入基于机器学习的查询推荐模型。实验结果显示,语义相关性特征和同源相似查询的特征非常重要,而且确实有助于提升查询推荐的准确率。

第 6 章多样化查询推荐方法。在这一章中,我们提出一个查询推荐贪婪模型(GQS)来解决多样化查询推荐问题,并用开放式目录分类方法(ODP)来识别 URL 的不同主题,进而预测查询主题。我们在公开数据集上验证方法的有效性,同时研究在不同实验设定条件下 GQS 模型的多样化查询推荐性能。结果表明,当以语义最接近的相关查询推荐作为起点同时使用查询会话中的最后一个先前查询作为搜索上下文时,GQS 模型性能最好。这个发现说明,查询意图通常在查询会话中的连续查询之间是共享的,同时说明查询意图在一个长会话中可能会改变。此外发现,GQS 模型在有更多查询推荐候选词进行排序筛选时性能更好。

第 7 章选择性个性化查询推荐方法。在这一章中,我们提出一个查询推荐的选择性个性化方法。具体而言,当对查询推荐进行排序时,模型可预测个性化在查询推荐模型中的重要性。我们探索出几个影响传统查询推荐模型中个性化权重的因素,如会话中已输入的查询前缀、点击浏览的文件和当前会话中先前的查询的主题变化等。研究发现,已输入的查询前缀对查询推荐排序中个性化权重产生的影响最大,先前的查询主题变化比点击文档信息更有用。这项工作对研究将个性化如何以及何时融入到查询推荐方法中具有重要的意义。

第 8 章总结与展望。在这一章中,我们追溯之前第 1 章提出的研究问题,给出详细的解决思路和研究结果。随后,指出了未来的研究方向。

参 考 文 献

[1] Croft W B, Metzler D, Strohman T. Search Engines: Information Retrieval in Practice. New York: Pearson Education, 2015.

[2] Bast H, Weber I. Type less, find more: fast autocompletion search with a succinct index// Proceedings of the 29th International ACM SIGIR Conference on Research and Development in Information Retrieval, 2006.

[3] Bar-Yossef Z, Kraus N. Context-sensitive query auto-completion// Proceedings of the 20th International World Wide Web Conference, 2011.

[4] Shokouhi M. Time-sensitive query auto-completion// Proceedings of the 35th International ACM SIGIR Conference on Research and Development in Information Retrieval, 2012.

[5] Strizhevskaya A, Baytin A, Galinskaya I, et al. Actualization of query suggestions using query

logs// Proceedings of the 21st International World Wide Web Conference, 2012.

[6] Bache K, Newman D, Smyth P. Text-based measures of document diversity// Proceedings of the 19th ACM SIGKDD Conference on Knowledge Discovery and Data Mining, 2013.

[7] Carbonell J, Goldstein J. The use of MMR, diversity-based reranking for reordering documents and producing summaries// Proceedings of the 21st International ACM SIGIR Conference on Research and Development in Information Retrieval, 1998.

[8] Dang V, Croft W B. Diversity by proportionality: an election-based approach to search result diversification// Proceedings of the 35th International ACM SIGIR Conference on Research and Development in Information Retrieval, 2012.

[9] Radlinski F, Dumais S. Improving personalized web search using result diversification// Proceedings of the 29th International ACM SIGIR Conference on Research and Development in Information Retrieval, 2006.

[10] Zhai C X, Cohen W W, Lafferty J. Beyond independent relevance: methods and evaluation metrics for subtopic retrieval// Proceedings of the 26th International ACM SIGIR Conference on Research and Development in Information Retrieval, 2003.

[11] Whiting S, Jose J M. Recent and robust query auto-completion// Proceedings of the 23rd International World Wide Web Conference, 2014.

[12] Jiang J Y, Ke Y Y, Chien P Y, et al. Learning user reformulation behavior for query auto-completion// Proceedings of the 37th International ACM SIGIR Conference on Research and Development in Information Retrieval, 2014.

[13] Cai F, de Rijke M. A survey of query auto completion in information retrieval. Foundations and Trends in Information Retrieval, 2016, 10(4): 173-263.

[14] Cai F, Liang S, de Rijke M. Time-sensitive personalized query auto-completion// Proceedings of the 23rd ACM Conference on Information and Knowledge Management, 2014.

[15] Cai F, Liang S, de Rijke M. Prefix-adaptive and time-sensitive personalized query auto completion. IEEE Transactions on Knowledge and Data Engineering, 2016, 28(9): 2452-2466.

[16] Cai F, Reinanda R, de Rijke M. Diversifying query auto-completion. ACM Transactions on Information Systems, 2016, 34(4): 1-32.

[17] Cai F, de Rijke M. Learning from homologous queries and semantically related terms for query auto completion. Information processing and Management, 2016, 52(4): 628-643.

[18] Cai F, Liang S, de Rijke M. Personalized document re-ranking based on Bayesian probabilis-

tic matrix factorization// Proceedings of the 37th International ACM SIGIR Conference on Research and Development in Information Retrieval,2014.

[19] Cai F,Wang S,de Rijke M. Behavior-based personalization in web search. Journal of the Association for Information Science and Technology,2016,17(9):1-14.

[20] Cai F,de Rijke,Maarten. Selectively personalizing query auto completion// Proceedings of the 39th Annual International ACM SIGIR Conference on Research and Development in Information Retrieval,2016.

[21] Cai F,de Rijke M. Personalized web search based on bayesian probabilistic matrix factorization// Proceedings of the Russian Seminar on Information Retrieval,2015.

[22] Cai F,de Rijke M. Time-aware personalized query auto completion// Proceedings of the Dutch-Belgium Conference on Information Retrieval,2016.

[23] Liang S,Cai F,Ren Z,et al. Efficient structured learning for personalized diversification. IEEE Transactions on Knowledge and Data Engineering,2016,15(10):1-15.

第 2 章　查询推荐模型概述

在这一章,我们首先在 2.1 节对信息检索中的查询推荐问题作出规范化的定义。其次,在 2.2 节讨论概率型查询推荐模型,在 2.3 节描述基于机器学习的查询推荐模型。然后,在 2.4 节讨论查询推荐中需要注意的现实问题。最后,2.5 节给出本章的小结。

2.1　问　题　描　述

构建查询,特别地,构建有效的查询是信息搜索过程中重要的组成部分。自 2008 年起,谷歌就提供了一款名为谷歌建议(Google Suggest)的软件服务,当用户输入查询前缀时,系统将实时地以一个下拉菜单的方式为用户提供查询推荐①。在一定程度上,这个功能以探索其他人所提交查询的内容为基础。从谷歌的官方博客上可以发现②,这项谷歌建议工程在 2004 年就已经开始。2011 年,Bar-Yossef 和 Kraus[1] 把这个功能称为查询自动完成(query auto completion),本书将其称为查询推荐,并提出一个简单直接的方法来解决这类查询推荐任务。例如,众所周知的最受欢迎实现(most popular completion,MPC)方法,就是基于匹配用户输入前缀的搜索查询短语的频率来实现查询推荐。

在本质上,查询推荐问题可以视为一项排序问题[2-11]。给定一个前

---

① http://searchengineland.com/how-google-instant-autocomplete-suggestions-work-62592
② http://googleblog.blogspot.com/2004/12/ive-got-suggestion.html

缀,按照先前定义的准则排序用户可能提交的查询,并将最有可能的一组查询推荐返回给用户。在通常情况下,一项预计算的查询推荐系统要求提前产生对应于每一个特定前缀的查询推荐;它以一种有效的数据结构存储前缀和查询推荐短语之间的联系,例如前缀树(prefix-trees),通过前缀匹配实现有效的查询推荐生成。该索引类似于在信息检索系统中存储从查询到文章匹配的反向表(inverted index table)。

　　图 2.1 描绘一个基础的查询推荐框架。随着用户的查询和交互可以被搜索引擎所记录,这种数据用于在离线时产生索引表,因此可以建立前缀和查询之间的联系。当用户在搜索栏中输入一个前缀时,基于预先计算的索引表,一列查询推荐将会被检索排序。进一步,查询时利用像时间、地点和用户行为这些信号对查询推荐进行重新排序,用户将收到一列最终的查询推荐列表。通常在一个公用的信息检索系统中,这列查询推荐列表具有一个特定的长度。例如,百度最多只能展现给用户 4 个查询推荐,必应有 8 个查询推荐、谷歌有 4 个查询推荐、雅虎和 Yandex 均有 10 个查询推荐。

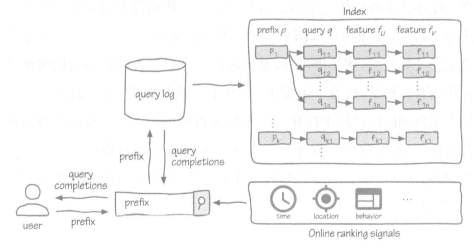

图 2.1　查询推荐基本框架

　　接下来,更数学化地介绍查询推荐的实现问题。设 p 代表用户 u 输入的前缀,可以是一串字符;Q_I 代表一组输入前缀 p 的查询推荐集合;将 Q_I 视为一组初始的查询推荐候选词会十分有用(类似于在标准文件检索中前 K 项检索结果)。这个查询推荐问题就是在这个初始查询推荐候选词列表中找到另一组查询推荐列表 Q_S,满足 $|Q_S|=N$,其中 N 是设定的一个阈值,表示查询推荐列表 Q_S 中查询推荐的数量,并使如下函数达到最大,即

$$\Phi(Q_S)=\sum_{q\in Q_S}\phi(q),\quad \phi(q)=\begin{cases}\dfrac{1}{q\text{ 在 }Q_S\text{ 中排名}}, & q=q'\\ 0, & q\neq q'\end{cases} \tag{2.1}$$

其中,q' 是用户最后提交的查询;Q_S 是查询推荐集合或者查询推荐列表。

　　查询推荐问题的代数解决方法致力于预测用户的潜在查询,并以查询推荐列表 Q_S 的形式返回。

　　对于查询推荐问题,相关文献已经提出几种方法,di Santo 等[2] 对现行排序候选查询的方法做了简单的比较。我们将查询推荐的现行方法分为两种宽泛的类别,即概率型模型和机器学习型模型。概率型模型试图计算概率,例如排序分,也就是每一个候选查询有多大的可能性被使用[3]。相反,机器学习型方法,基于一项学习型算法,致力于提取出大量合理的特征用于抓住每一个候选查询的特点[4]。这两类查询推荐方法,又可以分成时间相关[3]和用户为中心[1]的查询推荐方法。因此,我们列出一张 2×2 网格,组织本章所总结的查询推荐方法前期工作,如表 2.1 所示。

表 2.1 代表性的查询推荐方法

查询推荐策略	代表性方法	
	时间相关	用户中心
概率型	Cai et al[3,5]；Shokouhi[6]；Whiting and Jose[8]	Bar-Yossef and Kraus[1]；Li et al[10]
学习型	Cai and de Rijke[4]	Shokouhi[7]；Jiang et al[9]；Li et al[11]；Mitra[12]

2.2 概率型查询推荐方法

本节描述代表性的概率型查询推荐方法,这些文献考虑时间相关方面因素(2.2.1节)和个性化用户偏好因素(2.2.2节),为用户可能提交的查询推荐计算概率大小。基本上,这些方法都是在计算查询推荐 q_c 在给定的时间 t 和用户 u 的情况下被所递交的概率大小 $P(q_c|t,u)$。

2.2.1 时间敏感性查询推荐模型

一种简单直接的排序查询推荐的方法是基于过去查询频率(如次数)的极大似然方法[1]。Bar-Yossef 和 Kraus[1]将这种类型的方法称为最受欢迎查询推荐排序模型(most popular completion,MPC),即

$$\text{MPC}(p) = \underset{q \in C(p)}{\operatorname{argmax}} w(q), \quad w(q) = \frac{f(q)}{\sum_{q_i \in Q} f(q_i)} \tag{2.2}$$

其中,$f(q)$ 表示查询 q 在搜索记录 Q 中出现的次数,也称频率;$C(p)$ 是一组以前缀 p 开始的查询推荐短语。

本质上,MPC 模型是假定现行查询频率分布将会与之前观察的保持一致,因此为了最大化所有用户的平均查询推荐效率,该查询推荐方

法是按照过去频率进行排序的。然而,查询频率会随着时间发生改变。因此,这个查询推荐方法必须调整来满足时间敏感性变化,通过限制过去一段时间内的查询日志,来统计查询推荐次数,以此增强当前查询推荐的时间敏感性。

随着 Internet 网络日益成为实时新闻搜索与媒体检索的平台,时间在信息检索活动中扮演着核心的作用,而且越来越多的人们转向去发现变幻莫测、新兴和正在发生的事件和现象。例如,大量的每日热门查询与最近或正在发生事件的最新信息有关[8]。此外,对于一些商业化网络搜索引擎,每天有将近 15% 的查询是从来没有出现过的。这些查询绝大部分涉及新鲜事件和实时现象①,而不是非常不同寻常的查询[13]。基于聚集长期历史查询日志的查询推荐方法对新鲜的实时事件并不敏感,而且随着最新流行查询比长期流行查询更为重要。这种方法将导致排序查询推荐的准确率较低,特别是在输入的前缀较短的情况下(如只包含一两个字符)。

Shokouhi[14]受到谷歌趋势(Google Trends)中有趣发现的启发,聚焦利用时间序列分析探索周期性查询。他们描绘了一个查询的每月频率循环可视为时间序列,并利用 Holt-Winters 的附加指数平滑[15]将查询推荐的频率分解成三个主要部分,如水平(L)、趋势(T)和周期(S),即

$$\begin{cases} L_t = \alpha \cdot (\hat{X}_t - S_{t-s}) + (1-\alpha) \cdot (L_{t-1} + T_{t-1}) \\ T_t = \beta \cdot (L_t - L_{t-1}) + (1-\beta) \cdot T_{t-1} \\ S_t = \gamma \cdot (\hat{X}_t - L_t) + (1-\gamma) \cdot S_{t-s} \end{cases} \quad (2.3)$$

其中,α、β 和 γ 是在 $[0,1]$ 的调和值;参数 t 表示当前时间范围;s 表示周期性时间长度(如 12 个月)。

此外,$\hat{X}_t$ 代表在时间 t(如一个月内)数据点的值。如果周期的分解

---

① http://www.google.com/competition/howgooglesearchworks.html

部分 S 和原始数据 $\hat{X}$ 有相似的分布,则该查询可以视为周期性查询。例如,像万圣节和圣诞节这类每年重复的周期性事件,会导致相关查询发生周期性的上升(如万圣装扮(Halloween costume)和圣诞礼物(Christmas gift))。其他查询,例如"sigir2016"是以时间接近的目标事件的请求,因此是更有可能呈现比过去同类事件更为明显的搜索高峰(如查询词"sigir2010")。因此,为了实现有效率的查询推荐,正确识别最近的热门查询,确保提交该类查询的用户有一个当前的信息需求是非常重要的。

建立在 Shokouhi 工作[14]的基础上,Shokouhi 和 Radinsky[6]提出一种解决查询推荐的事件敏感性方法。与依据过去的查询频率排序候选查询相比,他们提出的模型运用时间序列分析,并模拟查询的当前趋势获得预测的频率,根据该预测的查询频率对候选查询短语进行排序。与式(2.2)中查询推荐的排序准则不同,该时间敏感性查询推荐方法可以规范化为

$$\mathrm{TS}(p,t) = \operatorname*{argmax}_{q \in C(p)} w(q \mid t), \quad w(q \mid t) = \frac{\hat{f}_t(q)}{\sum_{q_i \in Q} \hat{f}_t(q_i)} \quad (2.4)$$

其中,p 是输入的前缀;$C(p)$ 表示一组匹配前缀 p 的查询推荐集合;$\hat{f}_t(q)$ 表示在时间 t 和查询日志 Q 的情况下,查询 q 的估计查询频率。

实际上,查询的未来频率 $\hat{y}_{t+1}$ 可以简单地使用先前观测的查询频率 y_t 和平滑输出 $\bar{y}_{t-1}$ 为基础的单一参数的指数平滑方法来预测[16],即

$$\hat{y}_{t+1} = \bar{y}_t = \lambda \cdot y_t + (1 - \lambda) \cdot \bar{y}_{t-1} \quad (2.5)$$

其中,y_t 和 $\bar{y}_t$ 表示在时间 t 查询的实际观测频率和平滑后频率;λ 是在 0~1 调和参数;$\hat{y}_{t+1}$ 是在 $t+1$ 查询的预计频率。

由于单一参数的指数平滑法不能准确的抓住查询频率的趋势和周期,双参数或三参数的指数平滑法[16]已经被应用于预测某一查询的未来频率[6]。例如,利用双参数指数平滑法的扩充模型可以表示为

$$\begin{cases} \bar{y}_t = \lambda_1 \cdot y_t + (1-\lambda_1) \cdot (\bar{y}_{t-1} + F_{t-1}) \\ F_t = \lambda_2 \cdot (\bar{y}_t - \bar{y}_{t-1}) + (1-\lambda_2) \cdot F_{t-1} \\ \hat{y}_{t+1} = \bar{y}_t + F_t \end{cases} \tag{2.6}$$

其中，λ_1 和 λ_2 是平滑参数；在时间 $t+1$ 的预测 $\hat{y}_{t+1}$ 依赖于模拟了在时间 t 时间序列的线性趋势变量 F_t，以及在时间 t 的平滑频率 $\bar{y}_t$。

三参数指数平滑方法往式(2.6)增加了一个周期性变量 S_t，即

$$\begin{cases} \bar{y}_t = \lambda_1 \cdot (y_t - S_{t-T}) + (1-\lambda_1) \cdot (\bar{y}_{t-1} + F_{t-1}) \\ F_t = \lambda_2 \cdot (\bar{y}_t - \bar{y}_{t-1}) + (1-\lambda_2) \cdot F_{t-1} \\ S_t = \lambda_3 \cdot (y_t - \bar{y}_t) + (1-\lambda_3) \cdot S_{t-T} \\ \lambda_1 + \lambda_2 + \lambda_3 = 1 \\ \hat{y}_{t+1} = (\bar{y}_t + F_t) \cdot S_{t+1-T} \end{cases} \tag{2.7}$$

其中，T 表示周期；λ_1、λ_2 和 λ_3 是 $[0,1]$ 自由平滑参数。

基于时间序列分析技术的查询推荐方法始终超过用聚集全部查询次数的基准方法。利用时间序列模型产生更加精确的查询频率预测，可以获得更高质量查询建议[6]。Strizhevskaya 等[17] 通过研究现行机制，衡量各种使用查询日志的每日查询频率预测模型的预测准确性，这将对查询推荐有十分重要的帮助。

与基于长期查询日志的查询频率预测相比，短期查询频率估计已经获得了更多注意。为增强趋势探测，Golbandi 等[18] 开发了一个回归模型来探测突发时间相关的查询。通过分析查询日志，他们试图准确地预测在网络上最有上升趋势的查询短语是什么。已经进行了各种尝试来使搜索趋势预测值与相对于引发上升趋势的实际事件时间延迟低，并预测更准确。Kulkarni 等[19] 基于随时间的频率变化将查询分类成不同种类，并发现通过监控查询频率的变化可以探测出查询意图中查询趋势的强烈变化。

此外，Michail 等[20] 开发了时间序列的稀疏表示方法，并提出检测

突变查询频率的模型。相比运用时间序列分析技术为查询推荐来预测某一查询的未来频率[3,5,6]，Whiting 和 Jose[8] 提出几个实用的查询推荐排序方法。

① 使用滑动窗口来收集过去几天内查询频率证据。

② 以匹配给定的前缀最近 N 条查询流来产生查询的频率分布。

③ 基于最新观察的趋势预测查询的短期频率。

在线学习对应参数后，利用最新 N 条查询的分布方法可以预测获得查询推荐的最优表现。

除了前述的基于时间线索的查询推荐方法，查询名词之间的联系，例如语义相似性，也已被查询推荐设置中所研究。例如，Chien 和 Immorica[21] 证明具有相同时间模式的查询可以被用来基于语义相关性的查询推荐，即使缺失了语义重叠。Liu 等[22] 引入一个预测查询频率的统一模型，在该模型中每一条查询的预测都会受到其语义相似查询的频率预测的影响。这些方法能够精确地产生各查询的频率预测，因此应该提升基于频率的查询推荐方法的效率。

在表 2.2 中，我们比较了在信息检索领域内查询推荐方法，它们都具有时间敏感性。总的说来，比起利用长期搜索数据来完成查询推荐，更多的工作已经在于对近期证据的利用。融合了短期搜索数据（查询趋势）和长期观测（周期性现象）的查询推荐模型在查询排序方面获得了最好的表现。比起利用更多最近数据的查询推荐模型，仅基于长期聚集频率的查询推荐模型表现出的性能要差。此外，基于观测到的查询频率的查询推荐模型，如 Bar-Yossef 和 Kraus[1]，以及 Whiting 和 Jose[8] 提出的模型，基本上都是假定现行的或未来的查询频率与过去保持一致。相反，基于预测查询频率的查询推荐模型，如 Cai 等[5]、Shokouhi 和 Radinsky[6] 提出的模型认为这类信息会影响将要输入的查询，因此将时间线索考虑其中。

表 2.2　时间敏感性查询推荐方法比较

证据	要求	代表性参考文献
短期	近期日志,例如查询时间 之前的近期查询日志	Golbandi 等[18]; Shokouhi and Radinsky[6]; Whiting and Jose[8]; Whiting 等[13]
长期	大量查询日志,例如 覆盖长期的搜索历史	Bar-Yossef and Kraus[1];Shokouhi[6]
二者兼有	短期和长期搜索日志	Cai 等[3]; Cai 等[5]; Shokouhi and Radinsky[6]

2.2.2　用户为中心的个性化查询推荐模型

随着用户查询检索记录在浏览器中被保存,目前已经广泛地用于描绘用户的信息需求。这既涉及用户的长期浏览日志[23-26],也涉及短期的搜索行为[27-30]。这些数据已经成为搜索个性化方面的一类重要资源[31,32]。下面,我们对以用户为中心的查询推荐模型做一个简单概述。例如,个性化的查询推荐方法,用户搜索内容和他们与搜索引擎间交互的信息被应用于查询推荐模型中。

目前,在上述的大部分工作中,查询推荐方法进行的是全局计算。也就是,对于一个给定的前缀,呈现给用户的是相同的候选查询推荐列表。然而,对用户个人信息的开发能够提升查询推荐的效率[33,34]。该搜索内容可以从当前的检索过程中获得,如先前的查询。Bar-Yossef 和 Kraus[1]把检索过程中用户当前会话中的先前查询视为用户个性化信息,提出用户个性化的查询推荐算法,这将产生类似于用户上下文查询的查询推荐。特别地,他们提出输出的这组前缀为 p 的实现 q_c,其矢量表示 v_q 和搜索上下文 C 的矢量表示 v_c 有最大的余弦相似性,即

$$q_c \leftarrow \underset{q \in \text{completion}(x)}{\arg\max} \frac{v_q \cdot v_C}{\| v_q \| \cdot \| v_C \|} \tag{2.8}$$

其中，$v_q \cdot v_C$ 表示矢量 v_q 和 v_C 的标量积。

这样一组包含前 k 个匹配前缀 p 的查询推荐排序表 L_{NC} 可以得到。同时，基于查询频率，另一组包含前 k 个查询推荐的排序表 L_{MPC} 也可以得到。查询推荐的最终排序表示根据一个混合分数将两张表 L_{NC} 和 L_{MPC} 合并而成，即

$$\text{hybscore}(q_c) \leftarrow \alpha \cdot \text{NormSim}(q_c) + (1-\alpha) \cdot \text{NormMPC}(q_c) \tag{2.9}$$

其中，$0 \leqslant \alpha \leqslant 1$ 是一个决定标准化相似得分 $\text{NormSim}(q_c)$ 与标准化频率得分 $\text{NormMPC}(q_c)$ 之间权重的自由参数。

当用户倾向查询与当前搜索上下文有关时，这个模型效果非常好，因此查询相似性起作用。当与搜索上下文无关时，这个模型不得不依赖于查询频率。

另一种选择是由用户交互决定的搜索上下文。Li 等[10]注意到用户与查询推荐系统有序的交互信息，搜集到并非局限在当前检索会话中的用户信息，而是在每一次查询推荐过程中的每一次按键。通过对高分辨率查询日志数据集进行了深入的分析，他们提出一个概率型模型，通过捕捉用户在不同敲击下用户有序行为之间的联系来处理查询推荐任务。Zhang 等[35]把用户与搜索引擎间交互行为信息研究隐含的负反馈，提出一种新颖的自适应查询推荐模型 adaQAC，可以调节查询推荐的排序以适应于用户对忽略的查询推荐的隐含负反馈。该模型基于如下假设：排序靠前但却被忽略的查询推荐是不满足用户检索意图的，被用户提交的可能性较低。他们提出一种概率模型来估计用户 u 对于查询推荐 q_c 的隐含负反馈的概率大小，进而计算用户提交查询的可能性。

上述主要讨论的这种用户为中心的查询推荐模型是从用户搜索的上下文方面挖掘信息，如先前查询或者进行查询推荐时的用户交互（像

每一次敲击输入或忽视的查询推荐等信息)。表 2.3 给出了以用户为中心的个性化查询推荐方法比较。基于用户上下文信息的查询推荐模型不需要记录用户为特定查询推荐所需要的有序敲击的高分辨率日志。然而,这类数据对于以交互为基础的查询推荐模型是十分必要的。此外,研究基于交互的查询推荐模型[10,35]比起基于搜索背景的查询推荐模型[1,3]显得更加困难,因为后者对数据的要求更容易满足。

表 2.3　用户为中心的个性化查询推荐方法比较

种类	假设	问题	代表性作品
搜索背景	搜索背景的表达类似于查询意图对于倾向查询间的	搜索意图也许会改变,因此搜索背景与倾向查询无关	[1],[3]
交互	不同点击间的联系受到查询推荐参与过程中用户交互的影响	用户在递交查询前也许会忽略已完成的查询候选集	[10],[35]

2.3　学习型查询推荐模型

随着对查询频率预测方面基于更广泛时间序列排序准则的引入和基于用户与搜索引擎间交互的深入理解,对于查询推荐排名的学习不断上升。在典型的(有监管的)基于特点学习的文件检索排序框架中,对于一个具体的学习算法训练数据(是否逐点,成对或列表)包括由一组带有相关标签并由其特性矢量表示的查询文件对,其目标是通过优化损失函数来学习排序模型[36]。相反,在对查询推荐基于排序框架的学习中,输入的是前缀 $p = \{\text{char}_1, \text{char}_2, \cdots, \text{char}_n\}$。例如,一串字符。总的说来,有一份以前缀 p 开始由查询推荐组成的名单 $Q_c(p)$,并在输入 p 后。这些查询推荐可以简单地按照频率获得。每一条在 $Q_c(p)$ 中的查询可以由一个前缀查询对特征矢量 v_q 表示。在对基于机器学习的查询推荐方法框架中,该模型可以用一个二元的标签标记前缀查询对,如"提交"和"未提交",类似于在基于机器学习的文件检索中查询文件对的"相关"和"不相关"标签。基于机器学习的文件检索和查询推荐方法比较如表 2.4 所示。

表 2.4　文件检索(DR)和查询推荐(QAC)的学习排序比较

项目	DR	QAC
输入	查询 q	前缀 p_i
排序候选	文件 $d \in D$	查询 $q \in Q_c(p_i)$
候选特征	TF、IDF、BM25 等	过程中的频率、长度、位置
输出	文件排序表	查询排序表
实际真值	多水平相关标签,如 0、1、2	二元标签;1 表示递交查询,0 表示其他
主要指标	MAP、P@K、NDCG@K 等	MRR、SR@K 等

在文件检索任务中,对于给定的查询 q_i,每一个相关的文件 d 可以利用特征向量 $v_d = \Phi(d,q)$ 来表示,其中 Φ 是特征筛选器;$m^{(i)}$ 是关于查询 q_i 的文件数量,如 D。在一项查询推荐任务中,对于一个给定的前缀 p_i,每一个查询推荐候选可以表现成特征向量 $v_q = \Phi(p,q)$,其中 Φ 是特征筛选器;$n^{(i)}$ 是与前缀 p_i 相关的查询推荐数量,如 $Q_c(p_i)$。

如图 2.2 所示,学习型的查询推荐模型主要关注通过提取有用的特点来寻找用户倾向查询的正确预测。这类查询推荐模型最终从筛选的特征中获得排序函数。根据这些使用的特征来源,可以将学习型查询推荐方法分成两组,即挖掘时间相关特征和挖掘用户交互相关特征。

2.3.1　基于时效性特征的学习型查询推荐方法

目前,基于学习型查询推荐方法挖掘时间相关特征还未得到广泛研究。总体说来,用于学习的时间相关特征主要与频率特征有关,即前

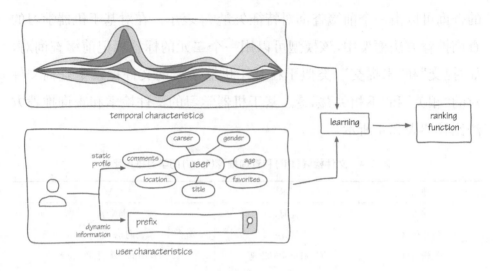

图 2.2　学习型查询推荐方法的总体框架

期观测和后期预测。这类信号已经运用到概率型的查询推荐[4,8]。类似于 Whiting 和 Jose 提出的方法[4,8],查询频率是由近期查询决定的。例如,从前缀提交时间之前的 1,2,4 或 7 天间期内,也可从整个查询日志中。此外,学习型的查询频率预测是通过考虑近期趋势和查询频率周期行为产生的。这种策略将在第 5 章详细讨论。

2.3.2　基于用户交互特征的学习型查询推荐

对于学习型的查询推荐方法已经发表了许多成果,比起时间相关特点,更关注基于用户相关特点。用户中心特征通常来源于以下两方面资源。

① 从搜索过程中的用户行为,可以抓住用户的搜索兴趣和他们在实施过程中如何改变查询的。

② 从抓住用户在整个查询推荐过程中,如查询输入、跳过、注视和敲击反馈的高精度查询日志记录中获取。

查询频率在不同人群或用户中也许会发生大幅的变化。为了更好理解通过用户配置文件和搜索背景刻画的角色,研究提出查询推荐个性化排名的有监督学习框架[37]，该框架中的用户特征和人口特征被提取出来学习。特别地，对于特定用户背景特征，Shokouh[7]调查了由包含特定用户短期和长期搜索历史的背景发展而来的个性化查询推荐效果。为了获得短期特征，在现行搜索过程中先前提交的查询将被使用。为了获得长期特征，特定用户的整个搜索记录也将考虑。接着，对于该查询背景下的查询推荐的相似特征可以通过 n 元相似点来衡量。相似特征已经用于先前个性化的网页搜索结果[38-40]和提出查询推荐的工作中[41,42]。至于，基于人口特征的排序方法，用户的年龄、性别和位置(如邮政编码)信息也被考虑。基于上述特征的学习算法，例如 Burges 等[37]提出方法的实验结果显示诸如位置的人口特点比起其他个性化的查询推荐显得更有效率。而且，添加更多基于用户人口的特征和搜索历史可以更加促进查询推荐个性化的表现。

类似地，关注当前搜索过程中的搜索背景，Jiang[9]研究了利用包含先前提交的查询用于学习用户行为改写特点，作为查询搜索背景的可行性，以提高查询推荐的性能。深入分析用户如何重新构建他们的查询。考虑到三种与重置相关的特征，如词语水平、查询水平和检索过程水平特征，可以抓住用户如何沿着查询过程改变他们先前查询的证据。与传统的上下文背景清晰直接模型化词语相似性或查询依赖性的查询推荐方法相比，这种基于学习的查询推荐方法试图学习用户如何改变先前的查询。例如，查询重复的行为，沿着查询过程，可以显著的提升当前基于背景清晰查询推荐方法的性能。

Mitra[12]研究发现，搜索日志包含大量用户频繁重置查询模式的例子。他们将查询重置表示为向量，可以通过对深度神经网络的学习研究查询的分布式表示，如卷积潜在语义模型(convolutional latent semantic model,CLSM)[43]。通过这种方法，具有相似意图的查询被投影到相同的嵌入向量空间。基于由卷积潜在语义模型学习的查询的分布式表示，由对应于查询推荐的卷积潜在语义模型向量和在相同搜索过程的先前查询二者的余弦相似性衡量的局部相似性,作为在查询推荐排序模型中学习的特征进行计算和使用。除了卷积潜在语义模型局部相似特征之外,方法描绘了在这个内嵌空间中语法和语义相似查询变化的低维向量来表示,也可以使用这个监控学习模型。有趣的是,Mitra和Craswell[44]关注推荐足够稀少前缀的查询推荐,而先前查询推荐方法仅以推荐频繁出现在搜索引擎中前缀的查询为中心。与此同时,产生查询候选词的另一种方法是通过挖掘历史数据中反复出现的查询后缀,然后基于卷积潜在语义模型训练查询和查询后缀数据集。卷积潜在语义模型的训练数据产生于在搜索日志中的抽样查询和在每一个可能词汇边界对每个查询进行分割。这种方法能为在训练期间从未出现过的查询推荐提供一个解决方案,可以弥补之前提出的概率算法等解决方案。因为这些模型依赖于查询频率,只有先前出现过的、足够频繁的查询才可以被推荐。

高分辨率的查询日志可以获取比传统日志更多的细节信息,通常包含查询的时间戳、匿名用户 ID 和最后提交的查询。高分辨率日志可能在每个按键和相关系统响应捕获用户的交互。从这些丰富的数据中,Li 等[10]观察到在查询推荐中,用户经常跳过查询推荐表,不选择查询推荐短语,即使这张表包含最终提交的查询,而且大部分点击的查询都聚集在查询推荐表的顶端位置。基于此,他们提出两类关于用户行为的偏差,例如水平位置跳过偏差和垂直位置跳过偏差,这对查询推荐的相关预测分析十分重要。首先,水平位置跳过偏差涉及假设,无论查询推荐的相关性怎样,如果用户不能停下检查所建议的查询推荐表,该查询推荐将不会被点击。垂直位置跳过偏差与提供的查询推荐表的准确位置有关,不管搜索意图倾向的相关性,在表上更高排名的查询倾向于获得更多点击。

根据这些见解,作者提出一个二维点击模型来解释强调这两类行为的查询推荐过程。位置偏差现象以前在传统文件检索[45,46]中就可以观察到,在点击模型的设定中提出几种解决方案,从高分辨率查询日志新近提取的特征,可以准确地解释查询推荐参与过程中的用户行为,揭示当人们输入字符边界时,往往停止并寻找查询推荐,这与 Mitra 的研究结果[47]是一致的。

最后,我们在表 2.5 中总结学习型查询推荐方法的主要优势和劣势。目前,比起时间相关的查询推荐方法,以用户为中心的查询推荐方法受到了更多的关注。我们认为,这是由于所记录的丰富的数据,在此基础上用户的搜索意图往往可以正确预测,并产生良好的查询推荐性能。

表 2.5　学习型查询推荐方法的比较

特征资源	优点	缺点
时间	容易实施,对新鲜事件有效	特征数量受限;难以预测不流行的实现;对未预测的事件敏感
用户	交互动态意图,用户形象静态兴趣	意图改变的糟糕表现;难以记录详细查询推荐参与;对搜索习惯敏感;相对实施困难

2.4　实际问题

在这一部分,我们讨论关于查询推荐的两类实际问题,即效率性,以及显示和交互。

2.4.1　效率

在过去的几年里,查询推荐已经在大量搜索引擎上使用,例如必应和谷歌这样的网页搜索引擎,还有脸谱和推特这样的社交媒体平台。这极大地改善了用户的体验,但也给实施效率带来挑战。在许多情况下,实用性的查询推荐应用要求有效率的算法和数据结构快速查阅。在传统的关键字搜索和文件检索中的效率问题已经被许多研究所解决,查询推荐效率方面的研究报道得相对缺少。

　　然而,当用户键入一个查询前缀,作为查询推荐系统应该帮助用户,因此效率必须考虑到实际的查询推荐框架中。在对查询推荐效率问题先前工作进行总结后,我们发现实际上主要有两类查询推荐效率问题,如计算效率和容错效率。

　　(1) 查询推荐中的计算效率

　　该问题已经在围绕计算复杂度的文献中做了研究,主要集中在减少完成查询前缀的运行时间。在能够排列查询推荐之前,索引数亿不同的查询要求覆盖对应于不同的输入前缀。trie 就是一个可以支撑起对查询推荐快速查找的简单数据结构。Hsu 和 Ottaviano[48]关注当数据集巨大以致于需要压缩的情况下,如何研究开发适应于存储器数据结构的查询推荐方法。于是,提出三种基于 trie 的数据结构来处理这种情况,例如实现 Trie、RMQ Trie 和分解分数 Trie,每一个都有不同的空间、时间和复杂权衡。基于 Trie 的查询索引需要不断的更新保持。这种情况支撑得了查询推荐的快速查找,但需要太多的内存。为了解决 tries 的存储量问题,三元树是一个好的解决方案,其中每一个 trie 节点都可以表示成一棵树中树。通常三元树在测试前存储在服务器上。然后,在实时查询推荐过程中,客户端发送一条前缀给服务器以获取基于构建好的三元树查询推荐。Matani[49]提出一种算法,它是基于用户目前输入的查询前缀所构成的三元树,从 n 个可能建议集中为用户提供前 k 个排名靠前的查询推荐,这样花费的时间与时间复杂度 $O(k\log n)$ 成比例。

　　基于 trie 数据索引机制有个固有的问题,以查询的前几个字符作为前缀的数量过于巨大,达到字母表数量指数大小,这会导致缓慢的查询响应,即使整个查询只匹配了几个前缀。此外,效率关键取决于在 trie 中活跃的节点数量。为了解决这个问题,Xiao[50]研究了在使用编辑距离限制的用户输入容错的查询推荐问题,并提出一种新颖的基于代数的邻里算法,如 IncNGTrie,比起解决查询推荐问题的现有方法,可以实现两个数量级的加速。他们提出的算法只需要在一个 trie 中保持一小组活跃节点,从而节省空间和时间来运行查询。此外,他们提出消除重复和通过合并共同数据串和普通子树来减少索引大小的优化机制。

与将查询推荐维持在一个 trie 中不同,Kastrinakis 和 Tzitzikas[51]提出将一个 trie 分割成两个或更多子 trie 使查询推荐服务更加可行和快速。这样,查询推荐机制就包含一个 trie 树林。特别地,每个 subtrie 都包含分配给该 trie 一组特定的字符开始的查询。关键挑战是分割 trie。一个子 trie 由一个分区和 Figurerows 组成,不断分割直到其大于所需要的分区。在这之后,一个新的分区被创建。实验结果表明,所提出的分区方案可以提升将要索引的查询推荐数量,并在实际时间加速运算。

类似于文件检索中学习排序的工作,查询-文件对的特征也可以离线产生,学习型查询推荐方法在在线测试查询推荐表现效果之前,在测试期间筛选了前缀实现的特征。图 2.3 显示了一个用于文件检索和查询推荐中学习排序的典型数据格式的例子。如图 2.3(a)所示,该特征描绘了查询及其相关文件间的联系,如文件标题中的查询频率、在文件摘要中的词汇频率,以及整个文件中的查询频率。这类特点用于衡量查询和文件间的相似性。在图 2.3(a)中标号指明了查询和对应文件之间的联系。然而,如图 2.3(b)所示的学习型查询推荐框架,这类特征引入用于衡量在输入前缀后提交查询推荐可能性的大小,以及标签表示在输入前缀后所提供的查询推荐是否被提交。例如,在查询日志中与查询推荐频率相关的特征,搜索过程中背景的查询推荐相似性,以及包含用户特点的用户兴趣查询推荐相似性等,都普遍使用在学习排序的查询推荐方法中。这些特征都可以在离线状态下产生用于改进排序模型。在在线测试设定中,排序查询推荐的主要时间耗费是在查找用于匹配相应的查询推荐和基于训练模型计算最终排序分数,通常都会导致非常受限的时间消耗,具体可见第 5 章。

QueryID_1	DocID	Feature_1	Value_1	Feature_2	Value_2	⋯	Feature_m	Value_m	Label
QueryID_1	DocID	Feature_1	Value_1	Feature_2	Value_2	⋯	Feature_m	Value_m	Label
⋮									
QueryID_1	DocID	Feature_1	Value_1	Feature_2	Value_2	⋯	Feature_m	Value_m	Label
						⋮			
QueryID_k	DocID	Feature_1	Value_1	Feature_2	Value_2	⋯	Feature_m	Value_m	Label
QueryID_k	DocID	Feature_1	Value_1	Feature_2	Value_2	⋯	Feature_m	Value_m	Label
⋮									
QueryID_k	DocID	Feature_1	Value_1	Feature_2	Value_2	⋯	Feature_m	Value_m	Label

(a) 查询与文档之间的对应关系

PrefixID_1	QueryCompletionID	Feature_1	Value_1	Feature_2	Value_2	⋯	Feature_n	Value_n	Label
PrefixID_1	QueryCompletionID	Feature_1	Value_1	Feature_2	Value_2	⋯	Feature_n	Value_n	Label
⋮									
PrefixID_1	QueryCompletionID	Feature_1	Value_1	Feature_2	Value_2	⋯	Feature_n	Value_n	Label
						⋮			
PrefixID_k	QueryCompletionID	Feature_1	Value_1	Feature_2	Value_2	⋯	Feature_n	Value_n	Label
PrefixID_k	QueryCompletionID	Feature_1	Value_1	Feature_2	Value_2	⋯	Feature_n	Value_n	Label
⋮									
PrefixID_k	QueryCompletionID	Feature_1	Value_1	Feature_2	Value_2	⋯	Feature_n	Value_n	Label

(b) 前缀与查询之间的对应关系

图 2.3　一个在文件检索和查询推荐中学习排序的数据格式例子

(2) 查询推荐中的容错效率

有关查询推荐效率的另一方面是聚焦于允许输入错误的有效率方法。正如有用于使查找操作耐受这样输入错误的基本需要,当响应于输入查询前缀时,一个查询推荐系统需要能够容错。Chaudhuri 和 Kaushik[52]迈出了解决这类问题的第一步,捕捉通过编辑距离确定的输入错误的输入,并提出一个简单的包含离线编辑距离匹配算法的方法。他们指出,一个基于 trie 的查询推荐策略,希望以最小的成本产生查询推荐的每个字符,总体响应每个字符的平均响应时间在毫秒级水平,显著优于基于 n 元的算法。

由于拼写错误普遍存在于网络搜索,搜索引擎中超过 10% 的查询是拼写错误。Duan 和 Hsu[53]研究了查询推荐系统的拼写矫正问题,当查询输入时,不但需要包含一组查询推荐,而且还要包含更正了输入前缀的纠正查询推荐。具体来说,搜索引擎以一张最正确,并完成部分查询的查询推荐表来响应每个键击。为了处理查询推荐任务的在线拼写校正，他们用生成模型来模型化搜索查询，其中预定的查询通过一个描述拼写错误分布的噪声信道被转换为一个潜在拼写错误的查询。最终通过利用不同的修剪启发式算法动态有效地扩大搜索空间，以此改进 Adapting 搜索算法，提出实时找到排名靠前的拼写正确的查询推荐。实验结果表明，与现有技术相比，可以大幅增加在线拼写校正的有效性。

2.4.2　显示和交互

在搜索引擎中，搜索结果最普遍地呈现方式是汇总了检索文件的垂直项目类表。搜索引擎返回的搜索结果列表往往被称为搜索引擎结果页（SERPs）。在查询推荐（查询推荐）中，类似于目前响应输入前缀的查询推荐可以实施，当用户在搜索栏中输入查询时，匹配的查询推荐以带有输入字符并突出显示，以下拉菜单形式出现在搜索栏下面。

此外，用户可以以点击、阅读和跳过等形式与 SEPRs 进行交互，这可以提供显示查询和文件相关性，以及用户意图的珍贵反馈；相反，在查询推荐过程中，与查询推荐系统的用户交互行为，如输入、跳过和敲击也可以记录为特定用户产生个人的搜索模式，这可以提升其潜在查询的预测精确性。大多数研究指向的都是提升查询推荐的精确性，而通常较少注意到显示问题。

在这一部分，我们将特别讨论如何显示查询推荐结果，以及在信息检索过程中如何与查询推荐结果进行交互。这两个要素都可能影响实际使用的查询推荐性能。

（1）显示查询推荐结果

在 SERPs 中，称检索文件的显示为搜索命中，有时也称为文献概要。图 2.4 和图 2.5 分别显示了在文件检索和查询推荐结果显示的例子。正如图 2.4 所示，在 SERP 中，与查询相关的检索结果部分简要总结被突出显示,文件概要的质量对于搜索者判断文件相关性有强烈的影响。如果标题是不提供信息的或者误导的,绝大多数相关文件就不可能被选中。此外,用户是倾向于点击排名中更高的文件。这类文件检索的显示问题在以往网页搜索中被广泛研究。

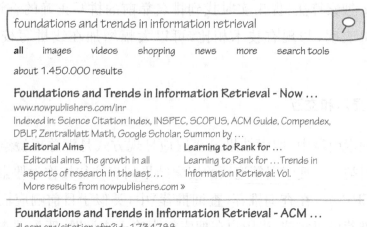

图 2.4　在查询"Foundations and Trends in Information Retrieval"后 SERP 结果

　　如图 2.5 所示,在查询推荐系统中,查询推荐罗列在搜索栏之下,并且只有一定数量的查询推荐显示给用户。此外,已经提交过的查询推荐用不同的颜色高度显示。然而,关于查询推荐的其他信息不会提供。类似地,对于点击在查询推荐,表中靠前的查询推荐的偏向确实存在。事实上,在桌面搜索中查询推荐超过四分之三的点击是位于查询推荐表的前两个位置,而在移动设备上观察到了更高的百分比。另一方面,如果倾向查询是排在前两个位置以外,那么关于查询推荐结果显

示问题就应该考虑为设计一个查询推荐系统和改善用户的查询推荐
体验。

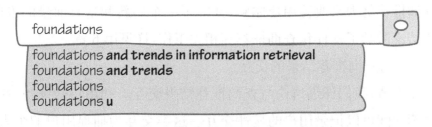

图 2.5　输入"Foundations"后的查询推荐

Amin 等[54]关注查询推荐的显示,观测它是如何影响用户的搜索性
能。他们运用调查查询推荐的组织策略对用户体验进行研究,如按字
母表顺序、主题群体和复合体、在已知名词的搜索任务中的查询推荐,
即从词库中搜索名词。他们发现,对于一个地理意义上相对容易理解
的同义词,一个明智的分组策略像由国家或地方类型,这样是首选。关
于查询推荐的组织策略,比起按照字母顺序,主题群体和复合体的界面
帮助用户搜索名词更为快捷,更加容易使用和理解。这些发现为更好
地改善用户体验,设计更好地查询推荐界面提供了见解。

基于假设,用户将会受益于不仅按照可能性,还按照高分辨的用户
意图进行排序的查询推荐显示。Jain 和 Mishne[55]特别关注通过网络
搜索话题组织的查询推荐,可以通过对查询推荐聚类和按序查询推荐
集合实现。特别地,他们基于大型网络搜索引擎信息可取的情况,首次
提出不同的无人监管机制,并用不同场景标识每一个集群。最后,集合
是按照最小化定位查询推荐的成本进行排序,如阅读集合的时间,以及
扫描集合的时间。

通过对一个用户研究,可以从 Jain 和 Mishne[55]的研究中得到一些
有趣和有前景的发现。例如,用户更喜欢以集合显示的查询推荐而不
是非集合显示。通过分组并标号查询推荐,用户在辨别相关实现集的
努力可以大幅度降低,增加满意度。然而,有关聚类的任务,如挑选聚

类的查询,对每个集群标签的分配,排序集群,以及在每一个集群里的查询推荐,仍然具有挑战性。总的说来,该工作通过减少用户在辨别相关查询推荐努力来改善用户体验,开辟了一个崭新和富有前景的方向。这些结论激励了多样化查询推荐等相关工作,详见第6章。

(2) 与查询推荐结果的交互

在本节,我们详细讨论与查询推荐结果交互。利用特殊设备,在查询推荐期间可以记录用户的显性交互。这类交互为捕捉用户的个人特点提供了珍贵信息,如输入习惯和搜索兴趣。

Mitra[12]首次呈现了与查询推荐间交互的大规模研究。他的调查揭示了低排名的查询推荐与排名更高相比会收到极少的参与度(如更少的点击)。此外,用户在输入一个查询的一半或特别的词汇边界后,才会点击实现递交查询。另一个影响查询推荐参与度的因素是关于键盘上查询字符的距离。例如,键盘距离达到4键时,查询推荐参与可能性的单调性增加就会观察到,这证明键盘上下字母位置和查询推荐使用可能性的清晰联系。总之,这些结果的出现证明用户想要使用查询推荐时的通常直觉。此外,这些结果可能是由于诸如用户输入习惯等因素导致,如跳过和查看实现。基于高分辨率的查询日志数据集,这些问题在后续学术界得到了研究。

Hofmann 等[56]做了一个在网络搜索中用户与查询推荐交互的深入视线轨迹研究。在研究中,当他们完成安排的网络搜索任务时,使用视线轨迹和客户端日志记录参与者交互。可以发现,对于检查和使用排名靠前的查询推荐的强烈位置偏向,而这与用户和网络搜索结果交互的类似结果一致。由于强烈的位置偏向,排序质量确实会影响查询推荐的使用,通过不同行为模式包括像查询推荐的监测、跳过和搜索的活动可以证明。这项工作表明,将用户的反馈反应到查询推荐框架可以更有益处。Zhang 等[9]已部分解决这个问题,他将向跳过和查看查询推荐的用户行为考虑进查询推荐模型。

典型的查询推荐过程是:当用户往搜索栏中输入第一个字符开始,直到敲击一个完整的查询为止,一个查询系列包含检查查询推荐表,继续输入,以及点击列表中的查询与查询推荐之间的用户交互。这类查询推荐过程中的实现交互还没被先前的查询推荐方法认真研究过。Li 等[11]采用点击模型揭示查询推荐用户交互,包含捕捉跳过行为的水平部分,描绘垂直检验偏差的垂直部分,以及反映前缀和查询推荐内在关联性的关联模型。该模型是由这样的事实所启发的,由于预期查询没有排在表中靠前的位置,用户就会频繁地跳过查询推荐表,即使该表包含了最终递交的查询。

在 Li 等[11]研究之后,Zhang 等[35]探索了查询推荐过程中的隐形负反馈,例如长久地停留在查询推荐表却没有挑选排名靠前的查询推荐。这样的用户反馈表明,用户或许不会选择这些未经挑选的查询推荐,即使它们排在表靠前的位置。为了模型化这类负反馈,停留时间和未经选择查询推荐的位置将考虑其中。通过将一个相关分(静态)和隐性负反馈结合起来,提出的重排前 N 个查询的模型初步以频率返回。最后,案例研究证明,当用户重置旧查询递交新查询,以及用户有清晰的查询意图,更喜欢消除歧义的查询这些情况出现时,新模型总体上表现优于之前的模型。

2.5　本 章 小 结

在本章,我们总结了关于查询推荐的相关工作,其中有基于概率型的模型或学习型框架。特别地,目前调查的概率型模型的工作主要基于搜索背景或者用户交互来估计递交一个查询推荐的概率大小。不管用户的意图,或者他们如何选择计算查询推荐的排序得分,这些概率型模型显示其表现优于相对简易的方法,如 MPC 模型。此外,我们还汇总了利用从时间相关特点和特定用户特点获取特征的学习查询推荐模型。这类方法利用时间序列分析来预测未来查询频率,以及通过理解查询推荐参与过程中交互数据分析用户查询意图。

最后,我们讨论了关于查询推荐的一些实际问题,如效率、显示和交互。处理这些问题使查询推荐服务能更好地适应搜索引擎。目前,比起查询推荐排序模型科研人员不太注意查询推荐的这些实际问题,即使查询推荐服务已经不得不运行主体实时约束。查询推荐系统中大多数处理步骤可以在离线时完成。查询推荐排序模型也可不考虑时间损耗进行实验。基于实验后的查询推荐排序模型,测试阶段只需要非常受限的时间限制。

本章已经介绍了查询推荐任务及其对应的方法。在接下来的章节,形成这里介绍的方法,用于评估我们提议的实验方法和设置将在下一章介绍。

参 考 文 献

[1] Bar-Yossef Z, Kraus N. Context-sensitive query auto-completion// Proceedings of the 20th International World Wide Web Conference, 2011.

[2] Di Santo G, McCreadie R, Macdonald C, et al. Comparing approaches for query autocompletion// Proceedings of the 38th International ACM SIGIR Conference on Research and Development in Information Retrieval, 2015.

[3] Cai F, Liang S, de Rijke M. Time-sensitive personalized query auto-completion// Proceedings of the 23rd ACM Conference on Information and Knowledge Management, 2014.

[4] Cai F, de Rijke M. Learning from homologous queries and semantically related terms for query auto completion. Information Processing and Management, 2016, 52(4): 628-643.

[5] Cai F, Liang S, de Rijke M. Prefix-adaptive and time-sensitive personalized query auto completion. IEEE Transactions on Knowledge and Data Engineering, 2016, 28(9): 2452-2466.

[6] Shokouhi M, Radinsky K. Time-sensitive query auto-completion// Proceedings of the 35th International ACM SIGIR Conference on Research and Development in Information Retrieval, 2012.

[7] Shokouhi M. Learning to personalize query auto-completion// Proceedings of the 36th Inter-

national ACM SIGIR Conference on Research and Development in Information Retrieval,2013.

[8] Whiting S,Jose J M. Recent and robust query auto-completion// Proceedings of the 23rd International World Wide Web Conference,2014.

[9] Jiang J Y,Ke Y Y,Chien P Y,et al. Learning user reformulation behavior for query auto-completion// Proceedings of the 37th International ACM SIGIR Conference on Research and Development in Information Retrieval,2014.

[10] Li L,Deng H,Dong A,et al. Analyzing user's sequential behavior in query auto-completion via Markov processes// Proceedings of the 38th International ACM SIGIR Conference on Research and Development in Information Retrieval,2015.

[11] Li Y,Dong A,Wang H,et al,A two-dimensional click model for query auto-completion// Proceedings of the 37th International ACM SIGIR Conference on Research and Development in Information Retrieval,2014.

[12] Mitra B. Exploring session context using distributed representations of queries and reformulations// Proceedings of the 38th International ACM SIGIR Conference on Research and Development in Information Retrieval,2015.

[13] Whiting S,McMinn J,Jose J. Exploring real-time temporal query auto-completion// Proceedings of the 12th Dutch-Belgian Information Retrieval Workshop,2013.

[14] Shokouhi M. Detecting seasonal queries by time-series analysis// Proceedings of the 34th International ACM SIGIR Conference on Research and Development in Information Retrieval,2011.

[15] Goodwin P. The Holt-Winters approach to exponential smoothing:50 years old and going strong. The International Journal of Applied Forecasting,2010,1(19):30-33.

[16] Holt C C. Forecasting seasonals and trends by exponentially weighted moving averages. International Journal of Forecasting,2004,20(1):5-10.

[17] Strizhevskaya A,Baytin A,Galinskaya I,et al. Actualization of query suggestions using query logs// Proceedings of the 21st International World Wide Web Conference,2012.

[18] Golbandi N,Katzir L,Koren Y,et al. Expediting search trend detection via prediction of query counts// Proceedings of the 6th ACM International Conference on Web Search and Data Mining,2013.

[19] Kulkarni A, Teevan J, Svore K M, et al. Understanding temporal query dynamics// Proceedings of the Fourth ACM International Conference on Web Search and Data Mining, 2011.

[20] Michail V, Christopher M, Zografoula V, et al. Identifying similarities periodicities and bursts for online search queries// Proceedings of the 2004 ACM SIGMOD International Conference on Management of Data, 2004.

[21] Chien S, Immorlica N. Semantic similarity between search engine queries using temporal correlation// Proceedings of the 14th International World Wide Web Conference, 2005.

[22] Liu N, Yan J, Yan S, et al. Web query prediction by unifying model// Proceedings of the 2008 IEEE International Conference on Data Mining Workshops, 2008.

[23] Bennett P N, White R W, Chu W, et al. Modeling the impact of short- and long-term behavior on search personalization// Proceedings of the 35th International ACM SIGIR Conference on Research and Development in Information Retrieval, 2012.

[24] Liu C, White R W, Dumais S. Understanding web browsing behaviors through weibull analysis of dwell time// Proceedings of the 33rd International ACM SIGIR Conference on Research and Development in Information Retrieval, 2010.

[25] Matthijs N, Radlinski F. Personalizing web search using long term browsing history// Proceedings of the Fourth ACM International Conference on Web Search and Data Mining, 2011.

[26] Tan B, Shen X, Zhai C, Mining long-term search history to improve search accuracy// Proceedings of the 12th ACM SIGKDD Conference on Knowledge Discovery and Data Mining, 2006.

[27] Collins-Thompson K, Bennett P N, White R W, et al. Personalizing web search results by reading level// Proceedings of the 20th ACM Conference on Information and Knowledge Management, 2011.

[28] Ustinovskiy Y, Serdyukov P. Personalization of web-search using short-term browsing context// Proceedings of the 22nd ACM Conference on Information and Knowledge Management, 2013.

[29] Jiang D, Leung K, Ng W. Context-aware search personalization with concept preference// Proceedings of the 20th ACM Conference on Information and Knowledge Management, 2011.

[30] Shen X, Tan B, Zhai C. Context-sensitive information retrieval using implicit feedback// Proceedings of the 28th International ACM SIGIR Conference on Research and Development in Information Retrieval, 2005.

[31] Dou Z, Song R, Wen J. A large-scale evaluation and analysis of personalized search strategies// Proceedings of the 16th International World Wide Web Conference, 2007.

[32] Sontag D, Collins-Thompson K, Bennett P, et al. Probabilistic models for personalizing web search// Proceedings of the 5th ACM International Conference on Web Search and Data Mining, 2012.

[33] Santos R, Macdonald C, Ounis I. Learning to rank query suggestions for adhoc and diversity search. Information Retrieval, 2013, 16(4): 429-451.

[34] Liao Z, Jiang D, Chen E, et al. Mining concept sequences from large-scale search logs for context-aware query suggestion. ACM Transactions on Intelligent Systems and Technology, 2011, 3(1): 17.

[35] Zhang A, Goyal A, Kong W, et al. AdaQAC: query auto-completion via implicit negative feedback// Proceedings of the 38th International ACM SIGIR Conference on Research and Development in Information Retrieval, 2015.

[36] Liu T. Learning to rank for information retrieval. Foundations and Trends in Information Retrieval, 2003, 3(3): 225-331.

[37] Burges C, Svore K M, Bennett P N, et al. Learning to rank using an ensemble of lambda-gradient models. Journal of Machine Learning Research, 2011, 14(1): 25-35.

[38] Bennett P N, White R W, Chu W, et al. Modeling the impact of short- and long-term behavior on search personalization// Proceedings of the 35th International ACM SIGIR Conference on Research and Development in Information Retrieval, 2012.

[39] Teevan J, Liebling D, Ravichandran G. Understanding and predicting personal navigation// Proceedings of the Fourth ACM International Conference on Web Search and Data Mining, 2011.

[40] Xiang B, Jiang D, Pei J, et al. Context-aware ranking in web search// Proceedings of the 33rd International ACM SIGIR Conference on Research and Development in Information Retrieval, 2010.

[41] Cao H, Jiang D, Pei J, et al. Context-aware query suggestion by mining click-through and session data// Proceedings of the 14th ACM SIGKDD Conference on Knowledge Discovery

and Data Mining, 2008.

[42] Mei Q, Zhou D, Church K. Query suggestion using hitting time// Proceedings of the 17th ACM Conference on Information and Knowledge Management, 2008.

[43] Shen Y, He X, Gao J, et al. Learning semantic representations using convolutional neural networks for web search// Proceedings of the 23rd International World Wide Web Conference, 2014.

[44] Mitra B, Craswell N, Query auto-completion for rare prefixes// Proceedings of the 24th ACM Conference on Information and Knowledge Management, 2015.

[45] Craswell N, Zoeter O, Taylor M, et al. An experimental comparison of click position-bias models// Proceedings of the 1st ACM International Conference on Web Search and Data Mining, 2008.

[46] Granka L, Joachims T, Gay G. Eye-tracking analysis of user behavior in WWW search// Proceedings of the 27th International ACM SIGIR Conference on Research and Development in Information Retrieval, 2004.

[47] Mitra B, Shokouhi M, Radlinski F, et al. On user interactions with query auto-completion// Proceedings of the 37th International ACM SIGIR Conference on Research and Development in Information Retrieval, 2014.

[48] Hsu B, Ottaviano G. Space-efficient data structures for top-k completion// Proceedings of the 22nd International World Wide Web Conference, 2013.

[49] Matani D. An O(k log n) algorithm for prefix based ranked autocomplete. http://www.dhruvbird.com/autocomplete.pdf[2011-9-6].

[50] Xiao C, Qin J, Wang W, et al. Efficient error-tolerant query autocompletion. Proceedings of the VLDB Endowment, 2013, 6(6): 373-384.

[51] Kastrinakis D, Tzitzikas Y. Advancing search query autocompletion services with more and better suggestions// Proceedings of the 10th International Conference on Web Engineering, 2010.

[52] Chaudhuri S, Kaushik R. Extending autocompletion to tolerate errors// Proceedings of the 2009 ACM SIGMOD International Conference on Management of Data, 2009.

[53] Duan H, Hsu B. Online spelling correction for query completion// Proceedings of the 20th International World Wide Web Conference, 2011.

[54] Amin A, Hildebrand M, van Ossenbruggen J, et al. Organizing suggestions in autocompletion in-

terfaces// Proceedings of the 31st European Conference on Information Retrieval,2009.

[55] Jain A,Mishne G. Organizing query completions for web search// Proceedings of the 19th ACM Conference on Information and Knowledge Management,2010.

[56] Hofmann K, Mitra B, Radlinski F, et al. An eye-tracking study of user interactions with query auto completion// Proceedings of the 23rd ACM Conference on Information and Knowledge Management,2014.

第 3 章　实验研究框架

本章转向查询推荐(查询推荐)的实验研究框架。这个实验研究框架将在第 4～7 章用到。具体而言,我们在 3.1 节提出实验基本设置,在 3.2 节详述实验所用的标准数据集,在 3.3 节描述评估度量方法。

3.1　实　验　设　置

本质上,查询推荐方法处理的是重排序问题[1-12]。如图 3.1 所示,当用户输入前缀时,查询推荐列表有一个最初的排序,而查询推荐模型专注于对这一列表重新进行排序。在这个流程图中,最初的查询列表(图 3.1 查询列表 1)至少和重新排序后的查询列表 2 一样长。因此,可将查询推荐模型视为重排序模型。如第 2 章所述,进行重排序的依据要素既可以是与时间相关的,也可以是以用户为中心的。再者,在实验中为了进行评估,假设已打出的前缀来自用户最终提交查询的所有可能的词汇前缀。通常主要由 1～5 个字符构成,这一设置在后面章节中保持一致。一些特别的参数设定在相关章节进行讨论。

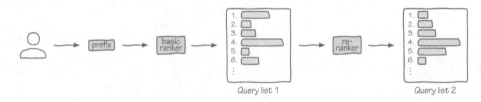

图 3.1　查询推荐方法综合流程

对比方面,需要注意的是不与查询建议方法[13-15]比较,因为这些方法关注点在查询建议工作上,与查询推荐方法有细微的区别[4]。例如,在查询建议实例中,用户要输入整个查询,而在查询推荐中只需要输入一个前缀。并且,为生成查询推荐重排序所需要的原始查询排序列表中,只考虑与已输入的前缀相匹配的备选词。然而,对于查询建议工作,查询记录中的每个查询都可能被视为与用户输入有关的项而出现在备选列表中进行重排序。由于这种限制,在查询推荐研究过程中遵循一个标准惯例,只有合适的查询推荐方法才能作为比较标准方法,而不是查询建议方法。此外,查询推荐与诸如 Duan 和 Hsu 所讨论的查询修正工作[16]并不同,后者主要准确修正拼错的词或查询。

3.2　标准数据集

对于查询推荐工作,每个在标准测试的结果记录至少有三个主要部分,即提交的查询、用户 ID(或会话 ID)和时间标记。时间标记和用户 ID(或会话 ID)分别用来提取时效性和特定用户特点,而提交的查询用来手动生成查询前缀并统计查询记录中出现的次数。此外,一些诸如点击的链接及其排序等额外信息也是有价值的。这些数据可用来推测用户的搜索意图。

三个公开的查询记录数据集为 AOL 数据集[17]、MSN 数据集[18]和搜狗数据集①。这三个数据集广泛应用于查询推荐实验及评估。例如,AOL 数据集作为一个相对的长周期查询记录,通常应用于查询推荐方法的时效性方法和个性化方法中。MSN 数据集更多地用于查询推荐的个性化查询推荐中,而搜狗数据集用于时效性查询推荐方法中。其他来自现代商业搜索引擎的查询记录数据集记录的更多是搜索细节,虽然由于隐私因素不对外公开,但这些数据也可应用于查询推荐研究中[2,4,8]。

表 3.1 展示了查询记录数据集 AOL 的一个搜索会话例子。在这

---

① http://www.sogou.com/labs

个例子中,该用户提交了三个查询,前两个查询"goodyear"和"hyun-daiusa"中的每一个都有一个可点击的链接,且在返回的相应链接列表中排序为 1。最后一个查询"order hyundai parts"有三个可点击的链接,排名分别为第 2、第 9、第 6。AOL 是少数几个包含真实查询数据的数据集之一,而且充分保证了统计显著性。AOL 数据集中的查询来自 2006 年 3 月 1 日~2006 年 5 月 31 日的查询。MSN 的记录来自 MSN 搜索引擎 2006 年 5 月的记录。搜狗早期的数据在 2008 年开放,但是被 2012 年更大的数据集取代。隐私信息和非法查询都被移除。这一部分中的三个可公开获得的查询统计数据如表 3.2 所示。虽然这些记录主要作用于信息检索的查询推荐研究,但是受限于查询推荐引擎详细的用户交互信息。

表 3.1　AOL 查询记录数据集中的搜索快照

User ID	Query	Timestamp	Rank URL
2722	goodyear	2006-05-21 09:10:29 1	http://www.goodyear.com
2722	hyundaiusa	2006-05-21 09:28:54 1	http://www.hyundaiusa.com
2722	order hyundai parts	2006-05-21 09:51:02 2	http://www.order hyundai parts.com
2722	order hyundai parts	2006-05-21 09:51:02 9	http://www.the-best-source.com
2722	order hyundai parts	2006-05-21 09:51:02 6	http://www.racepages.com

表 3.2　AOL 数据集(AOL)、MSN 数据集(MSN)、搜狗数据集(Sougou)的查询推荐对比

Statistic	AOL	MSN	Sogou
Language	English	English	Chinese
Start date	2006-03-01	2006-05-01	2008-06-01
End date	2006-05-31	2006-05-31	2008-06-30
♯Days	92	31	30
♯Records	36,389,567	14,921,285	43,545,444
♯Queries	10,154,742	8,831,281	8,939,569
♯Users	657,426	—	9,739,704
♯Sessions	—	7,470,916	25,530,711
♯URLs	1,632,788	4,975,897	15,095,269

此外,我们采用由荷兰学院制作的数据集,即 SnV[19]。SnV 是欧洲最大的视听教材档案,使用一个在线界面定制的内部系统,收集了 2013 年 1 月 1 日～2013 年 12 月 31 日一年的记录。我们过滤掉数据集中大量包含链接子串(. com,. net,. org,. http,. edu,www.)的导航类查询,同时移除所有数据集中以特殊字符"&,\$,♯"等开头的查询。本章主要以 AOL 和 MSN 查询数据集为基础。特别的,AOL 数据集将在第 4～7 章使用到,MSN 数据集在第 5、6 章用到,SnV 数据集在第 4 章用到。

3.3　评　估　方　法

在所有研究章节中,为了评估查询推荐方法的有效性,平均倒数排名是一个标准度量。对于查询数据集 Q 中查询 q 的前缀 p,假定查询推荐列表 $S(p)$、用户最后提交的查询 q' 已给出,则对这个前缀的倒数排名为

$$\text{RR}=\begin{cases} \dfrac{1}{q' \text{在} S(p) \text{中的排名}}, & q' \in S(p) \\ 0, & \text{其他} \end{cases} \tag{3.1}$$

最后,平均倒数排名的值是 Q 中查询测试前缀的所有 RR 值得平均值。由这个公式,平均倒数排名可作为一个精确度量方法。

将平均倒数排名作为一个性能度量的选择,作为寻找单一解决方案的设置来说是很普遍的。然而,非比率量表平均值作为衡量标准的问题,也有不少争议。因此,部分研究采用前 K 个的成功概率(SR@K)来评估查询推荐模型性能,这个度量表明在所有测试中,前 K 个备选查询推荐中可以找到正确查询项的平均比率。这个度量方法广泛应用于仅有一个正确结果的方法中,如查询推荐等工作。

为了在时效性查询推荐模型(4 章)中度量预测查询频率的正确性,

平均绝对误差被广泛应用,即

$$\text{MAE} = \frac{1}{n} \sum\nolimits_{i=1}^{n} |\hat{y}_i - y_i| \tag{3.2}$$

其中,y_i 是真值;$\hat{y}_i$ 为预测值。

平均绝对误差是一个不受控制的度量,而且对异常值反映不敏感。因此,它经常连同另一种度量方法,如对称平均绝对百分比误差(SMAPE),来判断预测性能。平均绝对百分比误差的定义为

$$\text{SMAPE} = \frac{1}{n} \sum\nolimits_{i=1}^{n} \frac{|\hat{y}_i - y_i|}{\hat{y}_i + y_i} \tag{3.3}$$

与平均绝对误差相比,平均绝对百分比误差只在 0～1 取值。就查询推荐而言,为了评估查询推荐模型的质量,平均绝对误差是最普遍的一个标准指标。

在第 6 章,评估多样化查询推荐模型 D-QAC 的性能,可以借鉴 2013 网页追踪文本检索会议[20] 的多样化工作中的官方评估方法,如 ERR-IA[21]、α-nDCG[22]、NRBP[23] 和 MAP-IA[24]。我们将截至 N 的 α-nDCG 方法作为评估查询推荐排序多样化的例子,根据下式在个别主题方面扩展传统的 nDCG 方法[25],即

$$\alpha\text{-nDCG@N} = Z_N \sum_{i=1}^{N} \frac{\sum_{a \in A_p} g_{i|a} (1-\alpha)^{\sum_{j=1}^{i-1} g_{j|a}}}{\log_2(i+1)} \tag{3.4}$$

其中,a 是查询方向集 A_P 的一个主题方面;$g_{i|a}$ 是第 i 个查询给出的主题方面 a 的特定收益;归一化常数 Z_N 的选择要使查询推荐列表达到的 α-nDCG@N 值为 1。一般地,为使关联性和多样化由相同的权重,在 α-nDCG@N 中设定权衡因子 $\alpha = 0.5$ 进行计算,而且所有的回报收益都以排序的对数调和折扣函数打折扣。通常,这些多样化度量回馈给最新添加的主题方面,并处罚多余的查询主题方面。可阅读相关引用文章了解具体计算这些度量指标的方法。

在实验中,观察到的两种方法区别的统计显著性是用双尾配对 t 检

验测试的,并用▲(▼)指代在差异显著水平 0.01 上升或者下降,
△(▽)指代在差异显著水平 0.05 上升或下降。

3.4 本 章 小 结

在这一章,我们详细说明了当前已建立的评估查询推荐排序方法的框架。具体而言,提出信息检索中一般的查询推荐实验设置,描述了用于查询推荐的公开的标准查询日志数据集。同时,介绍了评估查询推荐适用最广泛的度量方式和指标,包括查询推荐正确率指标和查询推荐的多样化指标。

目前,我们已经介绍了本书研究的相关背景和实验方法。从下一章开始,将重点放在信息检索中查询推荐具体模型方法上。

参 考 文 献

[1] Bar-Yossef Z, Kraus N. Context-sensitive query auto-completion// Proceedings of the 20th International World Wide Web Conference, 2011.

[2] Cai F, Liang S, de Rijke M. Time-sensitive personalized query auto-completion// Proceedings of the 23rd ACM Conference on Information and Knowledge Management, 2014.

[3] Cai F, de Rijke M. Learning from homologous queries and semantically related terms for query auto completion. Information Processing and Management, 2016, 52(4): 628-643.

[4] Cai F, Liang S, de Rijke M. Prefix-adaptive and time-sensitive personalized query auto completion. IEEE Transactions on Knowledge and Data Engineering, 2016, 28(9): 2452-2466.

[5] Shokouhi M, Radinsky K. Time-sensitive query auto-completion// Proceedings of the 35th International ACM SIGIR Conference on Research and Development in Information Retrieval, 2012.

[6] Shokouhi M. Learning to personalize query auto-completion// Proceedings of the 36th International ACM SIGIR Conference on Research and Development in Information Retrieval, 2013.

[7] Whiting S, Jose J M. Recent and robust query auto-completion// Proceedings of the 23rd In-

ternational World Wide Web Conference,2014.

[8] Jiang J Y,Ke Y Y,Chien P Y,et al. Learning user reformulation behavior for query auto-completion// Proceedings of the 37th International ACM SIGIR Conference on Research and Development in Information Retrieval,2014.

[9] Li L,Deng H,Dong A,et al. Analyzing user's sequential behavior in query auto-completion via Markov processes// Proceedings of the 38th International ACM SIGIR Conference on Research and Development in Information Retrieval,2015.

[10] Li Y,Dong A,Wang H,et al. A two-dimensional click model for query auto-completion// Proceedings of the 37th International ACM SIGIR Conference on Research and Development in Information Retrieval,2014.

[11] Mitra B. Exploring session context using distributed representations of queries and reformulations// Proceedings of the 38th International ACM SIGIR Conference on Research and Development in Information Retrieval,2015.

[12] Whiting S,McMinn J,Jose J. Exploring real-time temporal query auto-completion// Proceedings of the 12th Dutch-Belgian Information Retrieval Workshop,2013.

[13] Liao Z,Jiang D,Chen E,et al. Mining concept sequences from large-scale search logs for context-aware query suggestion. ACM Transactions on Intelligent Systems and Technology,2011,3(1):17.

[14] Ma Z,Chen Y,Song R,et al. New assessment criteria for query suggestion// Proceedings of the 35th International ACM SIGIR Conference on Research and Development in Information Retrieval,2012.

[15] Mei Q,Zhou D,Church K. Query suggestion using hitting time// Proceedings of the 17th ACM Conference on Information and Knowledge Management,2008.

[16] Duan H,Hsu B. Online spelling correction for query completion// Proceedings of the 20th International World Wide Web Conference,2011.

[17] Pass G,Chowdhury A,Torgeson C. A picture of search// Proceedings of the 1st International Conference on Scalable Information Systems,2006.

[18] Craswell N,Jones R,Dupret G,et al. WSCD '09: Proceedings 2009 Workshop on Web Search Click Data,2009.

[19] Huurnink B,Hollink L,van Den H,et al. Search behavior of media professionals at an audiovisual archive:a transaction log analysis. Journal of the Association for Information Sci-

ence and Technology,2010,61(6):1180-1197.

[20] Collins-Thompson K,Bennett P,Clarke C,et al. Trec 2013 web track overview// Proceedings of the 21st Text REtrieval Conference,2013.

[21] Chapelle O,Metlzer D,Zhang Y,et al. Expected reciprocal rank for graded relevance// Proceedings of the 18th ACM Conference on Information and Knowledge Management,2009.

[22] Clarke C,Kolla M,Cormack G,et al. Novelty and diversity in information retrieval evaluation// Proceedings of the 31st International ACM SIGIR Conference on Research and Development in Information Retrieval,2008.

[23] Clarke C,Kolla M,Vechtomova O. An effectiveness measure for ambiguous and underspecified queries// Proceedings of the 2009 International Conference on the Theory of Information Retrieval,2009.

[24] Agrawal R,Gollapudi S,Halverson A,et al. Diversifying search results// Proceedings of the 2nd ACM International Conference on Web Search and Data Mining,2009.

[25] Jarvelin K,Kekalainen J. Cumulated gain-based evaluation of IR techniques. ACM Transactions on Information Systems,2002,20(4):422-446.

第4章　前缀自适应和时间敏感的个性化查询推荐方法

在常用的查询推荐方法中[1-12]，一个普遍且有效的方法是从一段时间的查询日志中抽取每个前缀对应的所有查询词，然后按照查询词频率，也就是查询词的出现次数对查询词进行排序[1,2,5,7]。这种方法假设当前和未来的查询词频率与过去的查询频率相同。虽然这种方法的查询推荐性能大体上令人满意，但是由于它没有考虑时间、变化趋势和用户特定的上下文等影响用户输入查询词的因素，因此它远不是最优的方法。

例如，个性化的查询推荐能够将某个用户最常输入的查询词作为推荐的查询词推荐给该用户（图 4.1）。图 4.1(a)展示的是未进行个性化处理的推荐结果，图 4.1(b)展示的是个性化的推荐结果。我们利用 Google Trends① 可以得到图 4.2(a)和图 4.2(b)，可以看到查询词的频

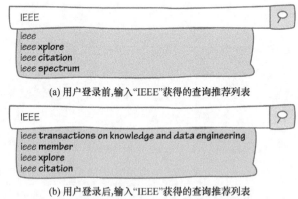

(a) 用户登录前,输入"IEEE"获得的查询推荐列表

(b) 用户登录后,输入"IEEE"获得的查询推荐列表

图 4.1　不同情景下输入"IEEE"获得的查询推荐列表

---

① http://www.google.com/trends

率对时间的依赖性很强。从图 4.2 可以看到,查询词"MH17"的频率在 2014 年 7 月 18 日出现一个明显的激增。此外,查询词频率还可能呈现出周期性变化趋势,查询词"New year"的频率以一年为周期进行变化,而查询词"Movie"的频率则以一周为周期进行变化。以上所述的现象可以用来预测查询词的未来频率,由此激发我们利用时间因素和个性化的上下文来进行查询推荐。

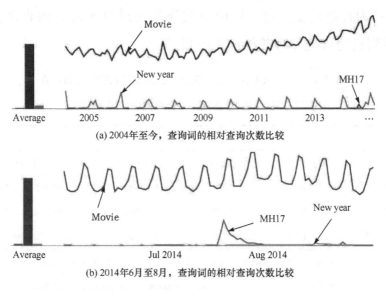

(a) 2004年至今,查询词的相对查询次数比较

(b) 2014年6月至8月,查询词的相对查询次数比较

图 4.2 查询词的相对查询次数比较

　　此外,相比于其他用户,某些用户输入内容的查询推荐任务较为容易完成,这一点取决于前缀的频率。这一频率可以用该前缀对应的所有推荐查询词的数目来衡量。以表 4.1 为例,该表展示了知名 AOL 查询日志[13]中一个包含三个查询词的搜索会话。假设要对最后一个查询词(表 4.1(a)的第四行,查询词"jsonline")进行推荐查询词推荐,在最后一个查询词还没有提交之前,表 4.1(b)展示了分别以"js"、"jso"、"json"为前缀的推荐查询词的排序列表。我们可以使用基于最热门查询词的方法[1]得到这些推荐的查询词。相比第 2 个和第 3 个前缀(表 4.1(b)中的第 3 行和第 4 行),第 1 个前缀(表 4.1(b)中的第 2 行)

拥有更多的推荐查询词。这表明，对于单一的基于频率的查询推荐方法，如果用户输入了前缀"jso"（或"json"），那么由于只有少数几个查询词以"jso"（或"json"）开头，所预测的推荐查询词会更准确，因此查询推荐任务更容易实现。另一方面，如果用户输入的前缀是"js"，那么数量庞大的推荐查询词会使得查询词的预测和推荐更加困难。若设置返回的推荐查询词数目为 $N=10$，那么称前缀"jso"（或"json"）为长尾前缀，前缀"js"为普通前缀。这一理论激发我们通过改进现有的查询推荐模型来达到自适应地处理长尾前缀的目的。

表 4.1　一个 AOL 搜索会话实例（顶部）及输入前缀后根据查询词频率返回的（至多）前 10 个查询词的列表（底部）

(a) 一个 AOL 搜索会话实例				
	SessionID	UserID	Query	Time
1	310	1722	badjocks	20060523,10:17:44
2	310	1722	jsonline	20060523,10:21:30
3	310	1722	jsonline	20060523,10:21:37

(b) 输入前缀后根据查询词频率返回的（至多）前 10 个查询词的列表	
	Prefix	List of top ten (at most) QAC candidates
1	js	jsonline, jsu, js, jstor, js online, jsfirm, jsp, js collection, jso, jscfcu
2	jso	jsonline, jso
3	json	jsonline

　　我们关注如何将时间敏感度与用户的个性化信息结合起来提升查询推荐性能。本章致力于解决 1.1 节列举的研究问题 RQ1～RQ6。我们提出利用查询词频率的周期行为和近期变化趋势来预测查询词的未来频率，并按照预测的频率来返回前 N 个推荐的查询词，然后根据用户特定的上下文对这些查询词进行重新排序，并输出最终的排序列表。我们提出两种时间敏感的查询推荐模型，即 λ-TS-QAC 和 λ*-TS-

QAC,这两个模型分别使用一个固定的权重值 λ 和一个最优的权重值 λ^* 来解决下列研究问题。

RQ1　本章提出的各个查询推荐模型对查询词频率的预测所准确度如何?

RQ2　本章提出的时间敏感的查询推荐模型(λ-TS-QAC 和 λ^*-TS-QAC)与目前最新的时间敏感的查询推荐基准方法相比性能如何?

我们提出用查询词频率近期的变化趋势和周期性行为来预测其未来频率,并且通过一个权重值来控制这两个部分的权重进而得到最终的排序得分。这个权重值可以是固定值也可以是利用回归模型对每个查询词生成的最优值。实验结果显示,就评价指标 MAE 和 SMAPE 而言,λ^*-TS-QAC 优于 λ-TS-QAC 和所有基于聚集、基于变化趋势的基准方法。为了回答 RQ2,我们使用这一预测的查询词频率对推荐查询词进行排序,并且发现在绝大多数情况下,就评价指标 MRR 而言,λ^*-TS-QAC 模型优于基准方法和 λ-TS-QAC 模型。

通过从用户的上下文提取个性化信息,并将其融入到所提出的时间敏感的查询推荐模型,可以得到一个混合的查询推荐模型 λ^*-H-QAC。该模型既考虑时间敏感性,又考虑用户的个性化信息。通过将 λ^*-H-QAC 与一个基于 n-gram 的混合模型 λ^*-H_G-QAC 进行比较,我们回答如下研究问题。

RQ3　与时间敏感的查询推荐模型(如 λ^*-TS-QAC)相比,λ^*-H-QAC 的性能是否更胜一筹?

RQ4　与使用 n-gram 计算查询词相似度的个性化查询推荐模型相比,λ^*-H-QAC 的性能如何?

RQ5　与 λ^*-H_G-QAC 相比,λ^*-H-QAC 的性能如何?

最后,本章提出 λ^*-H-QAC 的一个拓展方法,称为 λ^*-H'-QAC。它通过对查询词的预测频率和用户上下文取最优权重值来应对长尾前缀,即非热门前缀。为了验证这一方法的有效性,我们需要解决另一个研究问题。

RQ6 对于长尾前缀和所有类型的前缀，与 λ^*-H-QAC 相比，λ^*-H'-QAC 的性能如何？

通过实验，我们证明了通过结合用户的上下文信息和时间敏感的查询推荐模型。本章提出的模型，即前缀自适应的混合查询推荐模型，能够进一步提升查询推荐的排序准确性。

本章的贡献可概括如下。

① 通过将对时间敏感的查询词频率与用户的上下文信息相结合，我们提出一种解决查询推荐问题的新方法。

② 我们提出一个新的查询词频率预测方法。该方法利用查询词频率的周期性和近期变化趋势，就评价指标 MAE 而言，该方法对真实频率的估算准确性更高。

③ 通过对查询词频率和用户上下文信息的权重值进性最优化，我们对提出的混合查询推荐模型进行了拓展。

本章的剩余章节安排如下。4.1 节描述我们提出的前缀自适应的和时间敏感的个性化查询推荐模型，4.2 节叙述实验的具体设置，4.3 节对实验结果进行分析，4.4 节是本章的总结，探讨未来工作的几个可能的研究方向。

4.1 方法介绍

本节主要描述时间敏感的个性化查询推荐模型。该模型不但拥有时间敏感的查询推荐模型的优势，而且考虑用户的上下文信息。不同的查询推荐模型如表 4.2 所示，其中第 1～3 行描述的是基准方法，第 4～10 行描述本章提出的模型。首先是时间敏感的查询推荐模型，然后是个性化的查询推荐模型，最后是混合查询推荐模型。

表 4.2　查询词频率的预测方法及查询推荐方法的描述

方法	描述	来源
P_k	根据查询词前 k 天的频率的和值来预测未来频率	[5]
MPC-ALL	根据查询词在提交前数据集中出现的次数排序	[1]
MPC-R-TW	根据查询词在固定时间区间内出现的次数排序	[12]
O-MPC-R	根据查询词在最优时间区间内出现的次数排序	[12]
P_{tend}	根据式(4.3)描述的查询词近期变化趋势来预测未来频率	本章
λ^*-TS-QAC	一个时间敏感的 QAC 模型,其中式(4.1)中的最优参数 λ^* 根据式(4.7)计算所得	本章
Personalized QAC	根据查询词关于式(4.8)描述的相似度得分排序	本章
λ-H-QAC	一个混合 QAC 模型,它由式(4.13)描述的 λ-TS-QAC 与式(4.14)描述的个性化的 QAC 模型结合所得	本章
λ^*-H-QAC	一个混合 QAC 模型,它由式(4.7)描述的 λ^*-TS-QAC 与式(4.14)描述的个性化 QAC 的结合所得	本章
G-QAC	一个混合 QAC 模型,它 MPC-ALL 与式(4.12)描述的基于 n-gram 的个性化的 QAC 模型结合所得	本章
λ^*-H_G-QAC	一个混合 QAC 模型,它由 λ^*-TS-QAC 与式(4.12)描述的基于 n-gram 的个性化的 QAC 模型结合所得	本章
λ^*-H'-QAC	一个改进的 λ^*-H-QAC 模型,其中加入了长为前缀的识别	本章

4.1.1　基于查询词频率周期性和变化趋势的查询推荐模型

我们提出一个时间敏感的查询推荐方法,即 TS-QAC,它根据查询词频率的周期性和近期变化趋势来预测未来的频率,并按照预测频率对推荐的查询词进行排序。TS-QAC 不但能对查询词频率的长期观测值进行时间序列分析,而且还考虑了查询词的频率在近期的变化趋势。具体来说,通过一个参数 $\lambda(0 \leqslant \lambda \leqslant 1)$ 来控制查询词 q 频率的近期变化趋势和周期性行为在预测未来频率时所占的比重,从而预测查询词 q 在 t_0 天的后一天 t_0+1 的频率 $\bar{y}_{t_0+1}(q,\lambda)$,即

$$\bar{y}_{t_0+1}(q,\lambda)=\lambda \cdot \hat{y}_{t_0+1}(q)_{\text{trend}}+(1-\lambda) \cdot \bar{y}_{t_0+1}(q)_{\text{peri}} \tag{4.1}$$

若 q 为非周期性查询词，则 $\lambda=1$；反之，$0\leqslant\lambda\leqslant1$。对近 N_{days} 天的观测值利用线性回归方法得到的预测值作为 $\hat{y}_{t_0+1}(q)_{\text{trend}}$ 估计，即

$$\hat{y}_{t_0+1}(q)_{\text{trend}} = \sum_{i=1}^{N_{\text{days}}} \text{norm}(\omega_i) \cdot \hat{y}_{t_0+1}(q,i)_{\text{trend}} \qquad (4.2)$$

其中，$\text{norm}(\omega_i)$ 对各个观测值的权重进行归一化以确保 $\sum_i \omega_i=1$。

我们引入一个时间衰减函数作为归一化前的权重，即 $\omega_i=f^{\text{TD}(i)-1}$，其中 f 为衰减因子，$\text{TD}(i)$ 为第 $i\sim t_0+1$ 天的时间间隔。此外，对搜索日志中的每个查询词，采用多重线性回归模型得到预测精确度最高时对应的参数 N_{days} 的值。第 $i(i=1,2,\cdots,N_{\text{days}})$ 天的预测值 $\hat{y}_{t_0+1}(q,i)_{\text{trend}}$ 可由对 q 的每日查询次数 $C(q,t)$ 取一阶导数得到，即

$$\hat{y}_{t_0+1}(q,i)_{\text{trend}} = y_{t_0-\text{TD}(i)}(q,i) + \int_{t_0-\text{TD}(i)}^{t_0+1} \frac{\partial C(q,t)}{\partial t}\mathrm{d}t \qquad (4.3)$$

其中，$y_{t_0-\text{TD}(i)}(q,i)$ 表示查询词 q 在第 i 天的查询次数。

式(4.1)表示查询词频率周期行为的项 $\bar{y}_{t_0+1}(q)_{\text{peri}}$，可以通过对前 M 个时间点 $t_p=t_0+1-1\cdot T_q,\cdots,t_0+1-M\cdot T_q$ 的观测值 y_{t_p} 取平均得到，即

$$\hat{y}_{t_0+1}(q)_{\text{peri}} = \frac{1}{M}\sum_{m=1}^{M} y_{t_0+1-m\cdot T_q}(q) \qquad (4.4)$$

其中，T_q 表示查询词 q 频率的周期。

我们利用自相关系数法[14]来探测查询词 q 的频率是否具有周期性。自相关系数是在时间 $t=1,2,\cdots,N_s$ 处的 N_s 个连续的查询次数 $C(q,t)$ 的相关系数，该系数可由一个时间序列和它延迟 i 个时间单元后的序列计算得到，即

$$r_i = \frac{\sum_{t=1}^{N_s-i}(C(q,t)-\bar{x}_1)(C(q,t+i)-\bar{x}_2)}{\left(\sum_{t=1}^{N_s-i}(C(q,t)-\bar{x}_1)^2\right)^{\frac{1}{2}}\left(\sum_{t=i+1}^{N_s}(C(q,t+i)-\bar{x}_2)^2\right)^{\frac{1}{2}}}$$

$$(4.5)$$

其中，$\bar{x}_1$ 为最初 N_s-i 个观测值的平均值；$\bar{x}_2$ 为最后 N_s-i 个观测值的

平均值。

若 N_s 足够大,则式(4.5)中的分母可用估计值来简化。首先,可忽略平均值 $\bar{x}_1$ 和 $\bar{x}_2$ 的差值;其次,可忽略第 $1\sim N_s-i$ 个观测值的和值与第 $i+1\sim N_s$ 个观测值的和值的差值。由此可得 r_i 的估计值,即

$$r_i \approx \frac{\sum_{t=1}^{N_s-i}(C(q,t)-\bar{x})(C(q,t+i)-\bar{x})}{\sum_{t=1}^{N_x}(C(q,t)-\bar{x})^2} \tag{4.6}$$

其中,$\bar{x}=\sum_{t=1}^{N_s}C(q,t)$ 表示总体平均值。

此外,通过最小化平均绝对误差,可以得到最优值 λ^*,即

$$\lambda^* = \arg\min_{0\leqslant\lambda\leqslant1}\frac{1}{|Q|}\cdot\frac{1}{|L_v|}\sum_{q\in Q}\sum_{s=1}^{|L_v|}|\tilde{y}_s(q,\lambda)-y_s(q)| \tag{4.7}$$

其中,$\tilde{y}_s(q,\lambda)$ 和 $y_s(q)$ 分别为在长度为 L_v 天的时间区间内第 s 天查询次数的预测值和真实值。

算法 1 列出了我们提出的时间敏感的查询推荐模型的主要步骤,用 λ-TS-QAC 表示使用固定权重值 λ 的版本,λ^*-TS-QAC 表示使用最优权重值 λ^* 的版本。在预测查询词未来频率时,通过最小化算法 1 中第 10 行的 MAE 来得到最优的天数。

Algorithm 1 Time-sensitive query auto completion (TS-QAC)

Input: All queries: Q;

　　Length of training and validation days: L_t and L_v;

　　Querying time: t_0;

　　Number of returned completions: N;

Output: Predictions: $\bar{Q}=\{\bar{y}_{t_0+1}(q): q\in Q\}$;

　　Top N completions of each prefix of all queries;

1: **for** each $q\in Q$ **do**

2:　　$T\leftarrow\text{autocor}(\text{Count}(q))$;

3:　　**for** $i=1,\cdots,L_t$ **do**

4:　　　**for** $j=1,\cdots,L_v$ **do**

5：　　　$\hat{y}_{t_0+1}(q)_{\text{trend}}[j] \leftarrow \text{Regression}(\text{Count}(q)[1:i])$;

6：　　　$\text{AbsoluteError}[j] \leftarrow \hat{y}_{t_0+1}(q)_{\text{trend}}[j] - y_{t_0+1}(q)j$;

7：　　end for

8：　　$\text{MAE}(i) \leftarrow \text{mean}(\text{AbsoluteError})$;

9：　end for

10：　$N_{\text{days}} \leftarrow \arg\min_{1 \leqslant i \leqslant L_t} \text{MAE}(i)$;

11：　Update $\hat{y}_{t_0+1}(q)_{\text{trend}}$ with optimal N_{days} and Compute $\bar{y}_{t_0+1}(q)_{\text{peri}}$;

12：end for

13：Find an optimal λ^* by(4.7);

14：$\lambda \leftarrow \lambda$;

15：for each $q \in Q$ do

16：　$\bar{y}_{t_0+1}(q;\lambda) \leftarrow \lambda \times \hat{y}_{t_0+1}(q)_{\text{trend}} + (1-\lambda) \times \bar{y}_{t_0+1}(q)_{\text{peri}}$;

17：end for

18：for each $q \in Q$ do

19：　for each prefix p of q do

20：　　Return top N completions of p ranked by $\bar{y}_{t_0+1}(q;\lambda)$;

21：　end for

22：end for

4.1.2　个性化的查询推荐模型

我们用个性化的查询推荐模型对 4.1.1 节提出的时间敏感的查询推荐模型进行拓展。根据式(4.1)计算查询词的预测频率后,对于前缀 p 可得前 N 个推荐查询词的排序列表,用 $S(p)$ 表示前缀 p 所对应的前 N 个推荐查询词所构成的集合。

通过将相似度得分 $\text{Score}(Q_s,q_c)$ 和 $\text{Score}(Q_u,q_c)$ 相结合,本章提出的个性化的查询推荐模型可以对候选查询词 $q_c \in S(p)$ 进行评分,即

$$\text{Pscore}(q_c) = \omega \cdot \text{Score}(Q_s,q_c) + (1-\omega) \cdot \text{Score}(Q_u,q_c) \qquad (4.8)$$

其中,Q_s 表示当前搜索会话中已提交的查询词;Q_u 表示该用户提交过

的所有查询词；ω 控制着两个相似度得分的权重。

由此可以看出，个性化查询推荐模型是基于搜索会话和用户层面的。

为了计算上述两个相似度得分，首先要解决如何用 Q_s 和 Q_u 来表示查询词。一个直观的方法是用 n-grams 来表示查询词。然而，这种做法面临一个问题，那就是通常查询词的长度较短，造成对应的词汇表太稀疏以至于不能捕获语义关系。为了解决这一稀疏性问题，我们使用另一种方法来计算相似度。通过观察数据集（表 4.3 和图 4.4），可以发现用户常常提交相同的查询词或在同一个会话中的前一个查询词的基础上进行修改。因此，我们将用户在当前会话中已提交的查询词 Q_s 和在用户提交过的所有查询词 Q_u 作为上下文信息，在字符层面计算相似度得到个性化的查询推荐模型。

我们用词项 $\{w_{s1}, w_{s2}, \cdots, w_{sn}\}$ 和 $\{w_{c1}, w_{c2}, \cdots, w_{cn}\}$ 表示查询词 Q_s 和 Q_u，用 $N(w_*, q_*)$ 表示 q_* 中 w_* 的出现次数，用条件概率来估计 q_c 和 Q_s 的相似度，即

$$\text{Score}(Q_s, q_c) = p(q_c | Q_s)$$
$$= \sum_{q_s \in Q_s} \text{norm}(\omega_s) \cdot p(q_c | q_s) \tag{4.9}$$

其中，$\text{norm}(\omega_s)$ 表示式（4.2）中的衰减函数 $\omega_s = f^{\text{TD}(s)-1}$，$\text{TD}(s)$ 表示 q_c 和 q_s 的间隔；计算条件概率 $p(q_c | q_s)$，即

$$p(q_c | q_s) = \prod_{w_{ci} \in q_c} p(w_{ci} | q_s)^{N(w_{ci}, q_c)}$$
$$= \prod_{w_{ci} \in q_c} p(w_{ci} | W(w_{ci}))^{N(w_{ci}, q_c)} \tag{4.10}$$

式中，$W(w_{ci}) = \{w : w \in q_s | w[0] = w_{ci}[0]\}$ 是 q_s 中以 w_{ci} 开头的词项的集合。

此外，定义

$$p(w_{ci} | W(w_{ci})) \equiv \text{Similarity}(w_{ci}, W(w_{ci}))$$

$$= \frac{1}{|W(w_{ci})|} \sum_{w_j \in W(w_{ci})} \text{Similarity}(w_{ci}, w_j)$$

$$= \frac{1}{|W(w_{ci})|} \sum_{j=1}^{|W(w_{ci})|} \frac{\text{len}(\text{common}(w_{ci}, w_j))}{\min(\text{len}(w_{ci}), \text{len}(w_j))}$$

其中，$\text{len}(\text{common}(w_{ci}, w_j))$ 是 w_{ci} 和 w_j 的最长共同前缀的长度。

在这种环境下最好既考虑查询词的查询次数，又考虑时间区间的大小，因此用不同于式（4.9）中 $\text{Score}(Q_s, q_c)$ 的方法来计算 $\text{Score}(Q_u, q_c)$，即

$$\text{Score}(Q_u, q_c) = p(q_c | Q_u) = \sum_{q_u \in Q_u} \text{norm}(\omega_u) \cdot p(q_c | q_u) \qquad (4.11)$$

假设经常提交的查询词能反映用户的个人搜索偏好，因此式中的 $\text{norm}(\omega_s)$ 只取决于查询词的查询次数。

4.1.3　混合查询推荐模型

我们将时间敏感的查询推荐模型（TS-QAC）和个性化的查询推荐模型相结合，提出混合查询推荐模型。首先，利用 TS-QAC 可得前缀 p 的推荐查询词集合 $S(p)$。对每个候选查询词 $q_c \in S(p)$，根据预测的频率（即式（4.1）中的 $\tilde{y}_{t_0+1}(q_c, \lambda)$）可为其分配得分 $\text{TSscore}(q_c)$。与文献[1]类似，我们定义混合查询推荐模型为两个得分函数的凸组合，即

$$\text{Hscore}(q_c) = \gamma \cdot \text{TSscore}(q_c) + (1-\gamma) \cdot \text{Pscore}(q_c) \qquad (4.12)$$

由于 $\text{TSscore}(q_c)$ 和 $\text{Pscore}(q_c)$ 使用不同的单位和比例，因此在组合前需要对它们进行标准化。采用与文献[1]相同的方法将 $\text{TSscore}(q_c)$ 标准化为

$$\text{TSscore}(q_c) \leftarrow \frac{\tilde{y}_{t_0+1}(q_c, \lambda) - \mu T}{\sigma T} \qquad (4.13)$$

其中，μT 和 σT 分别为 $S(p)$ 中查询词预测频率的均值和标准差。

类似的，根据式（4.8）可得到下式，即

$$\mathrm{Pscore}(q_c) \leftarrow \frac{\mathrm{Pscore}(q_c) - \mu P}{\sigma P} \tag{4.14}$$

其中，μP 和 σP 分别为 $S(p)$ 中查询词相似度得分的均值和标准差。

算法 2 描述混合查询推荐模型，需要知道算法 1 中生成的推荐查询词的排序列表，以及这些推荐查询词的预测频率。式(4.12)给出了总体排序得分的计算式(算法 2 的第 15 行)。

Algorithm 2 Hybrid QAC model

Input: Predictions: $\overline{Q}$;

    user: u;

    prefix: p;

    number of query completions to be reranked: N;

    fixed trade-off: λ,

Output: Ranked list of top N query completions of p;

1: Produce $S(p)$ consisting of top N query completions by(4.1);

2: List $u's$ queries Q_u and Q_s;

3: **for** each $q_c \in S(p)$ **do**

4:   Compute TSscore(q_c) based on(4.13);

5:   **for** each $q_s \in Q_s$ **do**

6:     $p(q_c|q_s) =$ Similarity$(q_c;q_s)$;

7:   **end for**

8:   Compute Score$(Q_s;q_c)$ based on(4.9);

9:   **for** each $q_u \in Q_u$ **do**

10:     $p(q_c|q_u) =$ Similarity$(q_c;q_u)$;

11:   **end for**

12:   Compute Score$(Q_u;q_c)$ based on(4.11);

13:   Compute Pscore(q_c) based on(4.8)and(4.14);

14: **end for**

15: Re-rank $S(p)$ by HQscore(q_c) based on(4.12);

16: **Return** a reranked list of $S(p)$;

我们用 λ-H-QAC 表示 λ-TS-QAC(算法 2 中第 4 行)和前一节所述

的个性化的查询推荐模型的结合。若用式(4.7)得到最优的 λ 值,则混合模型可以表示为 λ^*-H-QAC。为了便于比较,我们也引入其他的将查询词频率与个性化信息相结合的查询推荐模型。例如,G-QAC 模型利用 MPC-ALL 得到式(4.12)中 TSscore(q_c),利用 n-gram 相似度得到 Pscore(q_c),并将两者结合作为最终的排序得分;λ^*-H_G-QAC 模型利用由 λ^*-TS-QAC (4.1.1 节)生成的 TSscore(q_c)和由 n-gram 相似度得到的 Pscore(q_c)的结合作为最终的排序得分。

4.1.4　改进的 λ^*-H-QAC 模型(即 λ^*-H'-QAC)

在式(4.12)中,计算最终排序得分时,λ^*-H-QAC 模型为 TSscore(q_c)和 Pscore(q_c),分别分配了固定的权重值 γ 和 $1-\gamma$,所有前缀对应的候选词均采用同样的权重值。然而,我们观察到相较于其他前缀而言,对某些前缀的推荐更为容易,这取决于本章开头讨论过的前缀热门度。这一现象激发我们将排序模型 λ^*-H-QAC 进行拓展。在检查了前缀的热门度后,我们为长尾前缀分配了一个最优权重 $\overline{\gamma}$,而不是对所有前缀使用固定的权重值 γ。

具体来说,为了计算 $\overline{\gamma}$,首先根据 TS-QAC 返回的推荐查询词的数量将训练集中的前缀分为两个部分,即长尾前缀和普通前缀(算法 3 中的 $\overline{P}_1$ 和 $\overline{P}_2$)。然后,我们对 $\overline{P}_1$ 做线性回归得到长尾前缀的最优权重值 $\overline{\gamma}$。最后,对于普通前缀,λ^*-H'-QAC 和 λ^*-H-QAC 在计算式(4.12)时均采用固定的权重值 γ,但是对长尾前缀,λ^*-H'-QAC 采用最优权重值 $\overline{\gamma}$。算法 3 和算法 4 描述了 λ^*-H'-QAC 的具体细节。

Algorithm 3 Optimization on long-tail prefixes(OLP)

Input: Predictions: $\overline{Q}$;

　　prefix set: $\overline{P}$;

　　number of query completions to be reranked: N;

　　threshold: Num;

Output: Subset $\overline{P}_1$ for long-tail prefixes and $\overline{P}_2$ for others;

1: $\overline{P}_1=\overline{P}_2=\{\}$;

2: **for** each prefix $p\in\overline{P}$ **do**

3:     Produce $S(p)$ consisting of top N query completions by(4.1);

4:     **if** $N<$ Num **then**

5:         $\overline{P}_1=\overline{P}_1\bigcup\{p\}$;

6:     **else**

7:         $\overline{P}_2=\overline{P}_2\bigcup\{p\}$;

8:     **end if**

9:     **for** each $q_c\in S(p)$ **do**

10:         Compute TSscore(q_c) based on(4.13);

11:         Compute Pscore(q_c) based on (4.8)and(4.14);

12:     **end for**

13: **end for**

14: Apply linear regression on $\overline{P}_1$, producing an optimal weight $\overline{\gamma}$ in(4.12);

15: **Return** $\overline{\gamma}$, $\overline{P}_1$ and $\overline{P}_2$;

Algorithm 4　λ^*-H'-QAC

Input: Predictions: $\overline{Q}$;

    prefix set: $\overline{P}$;

    number of query completions to be reranked: N;

    optimal trade-off: $\overline{\gamma}$;

Output: Ranking list of top N query completions for each $p\in\overline{P}$;

1: **for** each prefix $p\in\overline{P}$ **do**

2:     List $S(p)$;

3:     **if** $p\in\overline{P}_1$ **then**

4:         Perform λ^*-H-QAC for p with $\overline{\gamma}$ instead of $\overline{\gamma}$ in(4.12);

5:     **else**

6:         Perform λ^*-H-QAC for p with a fixed γ in(4.12);

7:     **end if**

8: **end for**

9: **Return** a reranked list of $S(p)$;

图 4.3 展示了模型 λ^*-H'-QAC 的主要实现步骤，包括用 λ^*-TS-QAC 生成 $S(p)$ 和计算长尾前缀的最优权重值 $\bar{\gamma}$ 在内的大多数步骤均可离线完成。

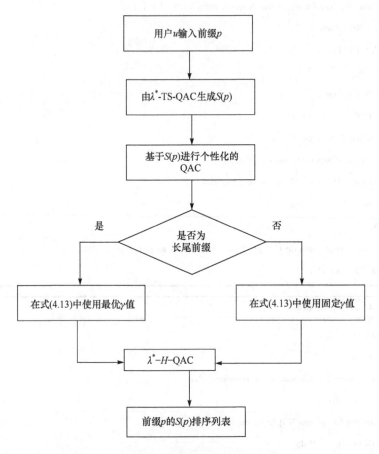

图 4.3　λ^*-H'-QAC 模型的主要步骤

4.2　实验设计

4.2.1 节将列出实验用到的数据集的统计信息。4.2.2 节将详述实验的设置和参数的取值。

4.2.1　数据集和基准方法

实验用到两个数据集[①],即 AOL[13]和荷兰学院(Netherlands Institute)的 Sound and Vision[②] 数据集[15],即 SnV。我们将每个数据集分为两个部分,即训练集占整个数据集的 75%,测试集占剩余的 25%。由于传统的 k-fold 重交叉验证会打乱时间顺序,因此并不适用于按时间排序的数据[16]。对于 AOL 数据集,2006 年 5 月 8 日之前提交的查询词构成了训练集,而对于 SnV 数据集,2013 年 10 月 1 日前提交的查询词构成了训练集。我们使用训练集中最后一周的数据来计算最优参数,即式(4.2)中的 N_{days} 和式(4.7)中的 λ^*。

此外,我们只保留在训练集和数据集中均出现过的查询词。对数据集进行处理后,在 AOL 数据集中频率呈周期性变化的不重复的(unique)查询词共有 95 043 个(占总数的 21%),在 SnV 数据集中共有 6023 个(占总数的 7%)。在 AOL 数据集中用 30 分钟的静止状态作为搜索会话的分界线;对于 SnV 数据集,在用户浏览视听材料时,若某个查询词与前一个提交的查询词无重叠词项,则可视为新的搜索会话的开启(即便用户仍在进行搜索),这种做法能够得到类似于静止状态所分割的搜索会话。表 4.3 详细说明数据集的统计信息,其中 Qs 表示查询词,Ss 表示会话,Us 表示用户。

表 4.3　AOL 和 SnV 数据集统计信息

Variables	AOL		SnV	
	Training	Testing	Training	Testing
#Qs	6,904,655	3,609,617	291,392	154,770
#Unique Qs	456,010	456,010	86,049	86,049
#Ss	5,091,706	2,201,990	176,893	102,496

---

①　在最近的研究中使用了其他的知名数据集,例如 MSN 数据集(WSCD-MSN)和 Sogou 数据集(http://www.sogou.com/labs)。本章并未使用,因为前一个数据集缺少用户 ID 而后一个数据集太小。

②　http://www.beeldengeluid.nl。

续表

Variables	AOL		SnV	
	Training	Testing	Training	Testing
♯Unique Us	466,241	314,153	1051	804
Qs/Session	1.36	1.63	1.65	1.51
Qs/User	14.81	11.49	277.25	192.50

　　不同统计方法下查询词的重叠情况如图 4.4 所示。图 4.4(a)展示了不同重复次数的〈user,query〉对所占的比例。在训练集中,相当数量的查询词由同一用户提交了多次(占 AOL 数据集的 15.9% 和 SnV 数据集的 56.9%),两个数据集的比例差异是因为两个搜索引擎服务于不同类别的用户:AOL 服务于普通的网络用户,而 SnV 则服务于专业的传媒人员。图 4.4(b)展示了搜索会话中包含由已提交查询词"演变"所得的查询词的分布情况,我们称查询词 q_2 是由 q_1 演变所得,若 q_2 在 q_1 之后提交,且与 q_1 至少有一个相同的词项,这里只考虑包含一个以上查询词的搜索会话。在 AOL 数据集中,共有 983 983 个搜索会话,在 SnV 中则有 35 942 个搜索会话。显然,用户经常在已提交的查询词的基础上重构一个新的查询词。这种情景下所有比例的和值差异(AOL 为 0.531,SnV 为 1)是由会话分割所采用了不同方法而造成的。

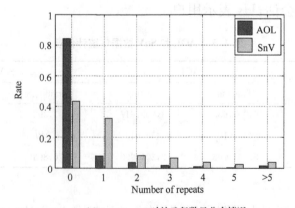

(a)〈user,query〉对的重复数目分布情况

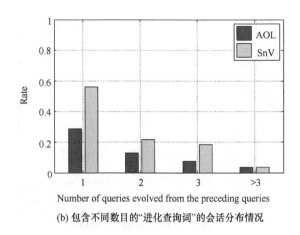

(b) 包含不同数目的"进化查询词"的会话分布情况

图 4.4　AOL 和 SnV 数据集的查询词重复率和查询词的变化率

　　在图 4.5 中,我们分别绘制了 AOL 和 SnV 数据集中长尾前缀占所有前缀的比例。对于 AOL 数据集,在训练和测试集中,长尾前缀的比例超过 13%。对于 SnV 数据集而言,长尾前缀所占的比例较少,分别占训练集和测试集的 12.5%和 12.7%。这意味着,在每 10 个前缀中我们平均会遇到至少 1 个长尾前缀。这一发现激发我们使用更具针对性的查询推荐模型来处理长尾前缀。此外,我们发现长尾前缀更易出现在用户重复提交相同查询词的搜索会话中,如图 4.1 所示。有趣的是,两个数据集中拥有少量推荐查询词(如 1 个或 2 个)的前缀比例比拥有多个(如 8 个或 9 个)推荐查询词的前缀的比例更大。

　　我们用下列方法作为查询推荐的比较基准。

　　① 利用整个数据集中查询词频率的最热门查询词(MPC)方法,用 MPC-ALL 表示[1]。

　　② 利用近期时间区间内查询词频率(时间区间长度分别为 2,4,7,14,28 天)的 MPC 方法,用 MPC-R-TW 表示[7]。

　　③ 利用最优长度的时间区间内查询词频率的 MPC 方法,该方法对每个前缀生成一个最优长度的时间区间,用 O-MPC-R 表示[7]。

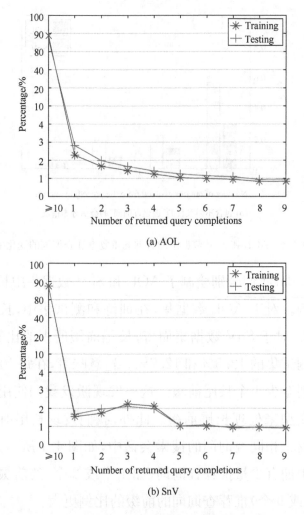

(a) AOL

(b) SnV

图 4.5　对于 AOL 和 SnV 数据集,在训练和测试期间,
查询前缀对应的查询推荐短语的分布情况

　　为了用最佳的基准方法与我们提出的查询推荐模型进行性能对比,比较了上述 3 种基准方法的查询推荐排序性能,并将结果记录在表 4.4 中。可以看到,在两个数据集中,对于不同长度的前缀,O-MPC-R 比其他两个方法的效果更好。例如,它比 MPC-ALL 和 MPC-R-TW 的 MRR 值分别高出了近 10%。因此,选择 O-MPC-R 作为基准方法,并在后续实验中与我们提出的查询推荐模型进行对比。

表 4.4 选择用于后续实验的基准方法。在 AOL 和 SnV 数据集上，当前缀长度为 1～5 时，各个基准方法的 MRR 值。每一列的最佳基准方法用粗体表示。

表 4.4　后续实验的基准方法

Model		AOL				
		$\#p=1$	$\#p=2$	$\#p=3$	$\#p=4$	$\#p=5$
MPC-ALL		0.1090	0.1903	0.3018	0.3996	0.4813
MPC-R	2days	0.1093	0.1866	0.2989	0.3970	0.4681
	4days	0.1082	0.1814	0.2902	0.3875	0.4593
	7days	0.1120	0.1938	0.3107	0.4113	0.4830
	14days	0.1140	0.1994	0.3217	0.4254	0.4985
	28days	0.1147	0.2009	0.3233	0.4276	0.5076
O-MPC-R		**0.1175**	**0.2027**	**0.3267**	**0.4318**	**0.5087**
Model		SnV				
		$\#p=1$	$\#p=2$	$\#p=3$	$\#p=4$	$\#p=5$
MPC-ALL		0.1573	0.2497	0.3281	0.4762	0.5438
MPC-R	2days	0.2467	0.3526	0.4917	0.6096	0.6913
	4days	0.2281	0.3349	0.4751	0.5794	0.6681
	7days	0.2209	0.3158	0.4519	0.5528	0.6327
	14days	0.1953	0.2946	0.4318	0.5317	0.6108
	28days	0.1731	0.2690	0.3873	0.5167	0.5731
O-MPC-R		**0.2519**	**0.3607**	**0.5034**	**0.6133**	**0.6992**

4.2.2　实验设置

借鉴先前的做法，设 4.1.1 节讨论的衰减函数的因子为 $f=0.95$。在时间敏感的查询词频率预测中，对于式(4.1)，对比了使用固定值 $\lambda=0.5$ 与式(4.7)所返回的最优值 λ^* 的效果。为了识别周期性，对 AOL 数据集，以小时为单位计算查询词的频率；对 SnV 数据集，以天为单位计算查询词的频率，这种差异是由两个数据集在收集的数据时采用了不同的时间间隔(time span)造成的。因此,对于 SnV,能够以天为单位计算 $y_{t_0+1-m \cdot T_q}$,然后对其取平均值得到式(4.4)中的 $\hat{y}_{t_0+1}(q)_{\text{peri}}$。对于 AOL 数据,首先要以小时为单位计算查询词频率的预测值,然后计算它们的和值得到 $y_{t_0+1-m \cdot T_q}$。为了识别查询词的频率变化趋势,以天为单位计算查询次数来克服数据的稀疏问题。在式(4.4)中,令 $M=3$,这是因为在 M 由 $1 \sim 10$ 的实验中,取值为 3 时的效果最好。时间敏感的查询推荐模型将前 N 个推荐查询词作为已知条件,在这里设置 $N=10$,该值被许多网络搜索引擎所采用。

在式(4.8)中,通过令 $\omega=0.5$,均衡了 Q_s 和 Q_u 在计算相似度得分时所占的比重。此外,我们使用用户最常提交的前 10 个查询词来构造 Q_u,用当前搜索会话中所有已提交的查询词来构造 Q_s(表 4.3)。特别地,对于没有长期搜索历史的用户,例如新用户,在利用个性化信息时,仅能参考其在当前会话中提交的查询词(短期搜索历史)。在训练期间,用相似用户的长期搜索历史对当前用户做个性化处理是非常有益的。例如,根据新用户在当前会话中已提交的查询词,我们可以找到一群在训练期间经常提交这些查询词的用户,通过利用这群相似用户的长期搜索历史,可以在对个性化信息的利用中对这一新用户的搜索兴趣进行建模。对于个性化查询推荐模型,可以设置 n-grams 的 $n=4$,这是在字符串搜索[17]中表征查询词时的推荐值。对于本章提出的混合查询推荐模型,令式(4.12)中 $\gamma=0.5$,对于普通前缀,λ^*-H'-QAC 中的相应参数也采用这一取值。此外,在算法 3 中对前缀进行分类时,可以令阈值 Num$=10$。

4.3　实验结果与分析

在 4.3.1 节,我们探究提出的时间敏感的查询推荐模型在查询词频率预测中的准确性。紧接着在 4.3.2 节中,我们讨论参数 λ 的不同取值所造成的影响。4.3.3 节比较各个时间敏感的查询推荐方法的性能。4.3.4 节详细说明本章提出的混合查询推荐模型的有效性。4.3.5 节分析在不同的个性化查询推荐情景下混合查询推荐模型的性能。4.3.6 节聚焦于改变混合查询推荐模型的权重值对排序效果造成的影响。4.3.7 节对比各个组合不同方法的查询推荐模型的性能。4.3.8 节和 4.3.9 节详述本章提出的查询推荐模型对长尾前缀的推荐效果。

4.3.1　查询词的频率预测性能评估

由于在模型的运行期间无法获得推荐查询词的真实频率值,因此查询推荐排序模型只能根据查询词已观测到的频率或历史记录推测的预测频率来对候选查询词进行排序。本节首先分析各个查询推荐方法预测查询词未来频率的准确性,然后在 4.3.3 节评估查询词频率预测的准确性对查询推荐排序的影响。

我们提出的时间敏感的查询词频率预测方法利用近期和长期的查询词频率来预测查询词的未来频率。为了进行比较,预测的查询词频率可以通过对查询历史数据进行求和或仅根据频率近期变化趋势得到(式(4.3))。我们分别用 P_k 和 P_{trend} 表示这两种方法,其中 k 通过对前 k 天($k \in \{1,3,6\}$)的查询词频率取均值得到查询词的预测频率。我们并不仅仅使用查询词频率的周期性来预测未来频率,因为许多查询词并不具有周期性的频率(AOL 和 SnV 中周期性查询词占 21% 和 7%,4.2.1 节)。表 4.5 记载了在两个数据集中使用不同查询词频率预测方法所得到的预测误差率,结果显示就指标 MAE 和 SMAPE 而言,λ^*-TS-QAC 比 λ-TS-QAC 和所有基于聚集和趋势的基准方法的预测准确度更高。

表 4.5 为在 AOL 和 SnV 数据集上,各个预测方法的评价指标值。每一列的最佳指标值用粗体标记,最佳基准方法用下划线标记。方法

比较对(λ-TS-QAC vs. 最佳 P_*，λ^*-TS-QAC vs. 最佳 P_*)的指标差值的统计显著性已做标记。

表 4.5　AOL 和 SnV 数据集上各个预测方法的评价指标值

Method	AOL		SnV	
	MAE	SMAPE	MAE	SMAPE
P_1	0.2906	<u>0.2278</u>	<u>1.2287</u>	<u>0.3104</u>
P_3	0.2944	0.2363	1.3739	0.3265
P_6	<u>0.2893</u>	0.2325	1.5751	0.3412
P_{trend}	0.2996	0.2313	1.2492	0.3117
λ-TS-QAC	0.2848△	0.2197▲	1.2291	0.2959▲
λ^*-TS-QAC	**0.2832△**	**0.2145▲**	**1.2067▲**	**0.2813▲**

　　进一步观察表 4.5 中不同方法的预测误差率，可以看到由于查询词频率的稀疏性，AOL 数据集的 MAE 值远小于 1。对于 AOL 数据集，在基于聚集的基准方法中，P_6 的 MAE 值最小，而 P_1 的 SMAPE 值最小。然而，对于 SnV 数据集，P_1 的两个指标值均最小。这一结果说明，除了 P_1 在 SnV 中表现稍好，本章提出的查询词频率预测方法的指标值均优于所有基于聚集的基准方法。对于评价指标 SMAPE，这种差异在统计上是显著的；对于 MAE 则不然。总的来说，在 AOL 数据集上方法之间的性能差异可以解释为，相对于以天为单位计算查询词频率的 SnV 数据集，AOL 数据集的稀疏度较低，且波动幅度较小。

4.3.2　权重值 λ 的影响

　　以 0.01 为步长对式(4.1)中参数 λ 的取值进行变化，来找到查询词频率预测精度最高时的 λ 值，如图 4.6 所示。对于 AOL 数据集(图 4.6 (a))，λ^*-TS-QAC 在 $\lambda^* = 0.62$ 处的预测准确度最高，表示查询词频率的近期变化趋势在预测中所占比重稍大。SnV 数据集的结果(图 4.6 (b))与 AOL 数据集类似，最优权重值为 $\lambda^* = 0.83$，这是由于 SnV 数据集中的周期性查询词少于 AOL，因此近期变化趋势在预测中所占的比重更大。

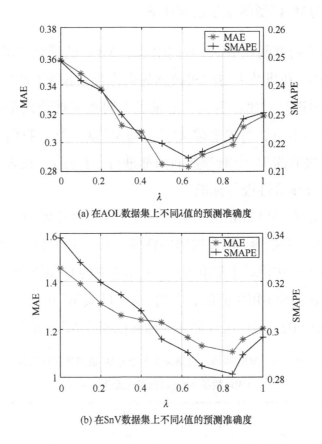

(a) 在AOL数据集上不同λ值的预测准确度

(b) 在SnV数据集上不同λ值的预测准确度

图 4.6　AOL 和 SnV 数据集上权重 λ 的取值对 TS-QAC 在预测查询词未来频率时的影响

对于图 4.6,另一个有趣的发现是 λ 值越高,MAE 和 SMAPE 的值越小,并且 MAE 随着 SMAPE 值的减小而减小。这意味着,在预测查询词未来频率时,近期变化趋势更为重要;若在查询词频率的预测中不考虑频率的周期性(即 λ=1),则预测误差会增大。

接下来,进一步观察最优的 λ 值,即 $λ^*$。可以发现,对于周期性查询词,$λ^*$ 值通常大于 0.5。例如,AOL 数据集中 $λ^*$ 的均值接近 0.6。换句话说,查询词频率的周期性在预测中所做的贡献小于近期变化趋势所作的贡献。然而,这两者在查询词频率的预测中均是不可缺少的,因为它们的权重均大于 0。

4.3.3 TS-QAC 模型的排序性能评估

为了回答研究问题 RQ2,我们用基于 MPC 的模型对每个前缀进行查询推荐排序,并将结果与时间敏感的查询推荐模型(即 λ-TS-QAC 和 λ^*-TS-QAC)进行对比。表 4.6 记录了不同查询推荐模型的关于指标 MRR 的得分,本节暂时先忽略 λ^*-TS-QAC 这一行。我们对两个数据集中每个前缀的前 10 个推荐查询词都进行了排序,并在表 4.6 中对所有结果的统计显著性进行标记。

表 4.6 是在 AOL 和 SnV 数据集上,当前缀长度为 1~5 时,各个 QAC 模型就评价指标 MRR 的排序性能。每一列的最佳 MRR 值用粗体标记。各个方法相对于基准方法(表 4.4 中的 O-MPC-R)差值的统计显著性标记在相应 MRR 值的右上角。λ^*-H-QAC 和 λ^*-H'-QAC 相对于 λ^*-TS-QAC 的差值的统计显著性标注在相应 MRR 值的左上角。

表 4.6　AOL 和 SnV 数据集上各个 QAC 模型就评价指标 MRR 的排序性能(前缀长度为 1~5)

Model	AOL				
	$\#p=1$	$\#p=2$	$\#p=3$	$\#p=4$	$\#p=5$
Baseline	0.1175	0.2027	0.3267	0.4318	0.5087
λ-TS-QAC	0.1169	0.1982▽	0.3270	0.4390△	0.5115△
λ-TS-QAC	0.1208	0.2056△	0.3317△	0.4455▲	0.5143▲
λ-H-QAC	**0.1224▲**	0.2091▲	△0.3387▲	△0.4562▲	△0.5236▲
λ-H'-QAC	**0.1224▲**	0.2103▲	▲0.3408▲	▲0.4594▲	△**0.5278▲**

Model	SnV				
	$\#p=1$	$\#p=2$	$\#p=3$	$\#p=4$	$\#p=5$
Baseline	0.2519	0.3607	0.5034	0.6133	0.6992
λ-TS-QAC	0.2536	▽0.3726▲	0.5117△	0.6296▲	0.7103▲
λ-TS-QAC	0.2637▲	0.3864▲	0.5193▲	0.6439▲	0.7203▲
λ-H-QAC	**0.2662▲**	0.3907▲	▲0.5355▲	▲0.6690▲	▲0.7491▲
λ-H'-QAC	**0.2662▲**	0.3913▲	▲0.5376▲	▲0.6702▲	▲0.7505▲

可以看到,λ^*-TS-QAC 的 MRR 得分高于 λ-TS-QAC 和基准方法。对于 AOL 数据集,当前缀长度为 1 和 2 时,λ-TS-QAC 的 MRR 得分低于基准方法。特别地,当前缀长度为 4 时,λ^*-TS-QAC 与基准方法的 MRR 值差别最大,前者比后者高出 3.2%。与此同时,λ-TS-QAC 比基准方法在 AOL 数据集上的 MRR 值高出了 1.7%。对于 SnV 数据集,当前缀长度为 2 时,λ^*-TS-QAC 比基准方法的 MRR 值高出近 7.1%,λ-TS-QAC 比基准方法高出 3.3%。这两个差值是实验中时间敏感的查询推荐方法相对于基准方法的最大 MRR 差值。λ-TS-QAC 的 MRR 值相对于基准方法有限的提升也许是由对比较少见的查询词(如新闻搜索)进行频率预测而造成的,而 λ^*-TS-QAC 通过利用查询词频率的周期性缓和了这一问题。

通过比较表 4.6 中 λ-TS-QAC 和 λ^*-TS-QAC 的 MRR 值,我们可以发现,由于最优权重值 λ^* 能够在查询词频率的近期变化趋势和周期性行为中取得最佳的权衡,因此使用 λ^* 的 TS-QAC 模型比使用固定 λ 值的 TS-QAC 模型的效果更好。总体来说,对于不同的前缀长度,在 SnV 数据集上 λ-TS-QAC 相对于 λ^*-TS-QAC 的 MRR 值的增幅比在 AOL 数据集上大。这是由 4.3.2 节已讨论过的两个数据集中周期性查询词的数量差异造成的。

4.3.4　混合查询推荐模型的排序性能评估

研究问题 RQ3 旨在探究用户提交的查询词之间的相似度是否能帮助人们产生一个更好的查询推荐排序。我们在表 4.6 中给出了 λ^*-H-QAC 的绝对 MRR 得分。为简便,我们在表 4.7 中用 O-MPC-R 相对于 λ^*-H-QAC 的 MRR 差值,以及 λ^*-TS-QAC 相对于 λ^*-H-QAC 的 MRR 差值来代替绝对的 MRR 得分。借助恰当的回归模型和查询词的相似度评估,λ^*-H-QAC 在两个数据集上的每个前缀长度都比基准方法的 MRR 值稍高。然而,尽管在评估查询词之间的相似度上存在额外的计算开销,λ^*-H-QAC 在 AOL 数据集上相对于 λ^*-TS-QAC 仅有微弱的提升(约为 2%),这是因为 λ^*-H-QAC 还未对 AOL 数据集中不同用户的特征进行分析。

表 4.7 为在 AOL 和 SnV 数据集上,当前缀长度为 $1\sim 5$ 时,O-MPC-R 和 λ^*-TS-QAC 相对于 λ^*-H-QAC 的 MRR 差值。MRR 差值前的符号"$-$"表示 λ^*-H-QAC 优于对应的比较方法,差值的统计显著性已做标记。

表 4.7　AOL 和 SnV 数据集上 O-MPC-R 和 λ^*-TS-QAC
相对于 λ^*-H-QAC 的 MRR 差值(前缀长度为 $1\sim 5$)

#p	AOL		SnV	
	O-MPC-R	λ-TS-QAC	O-MPC-R	λ-TS-QAC
1	-4.00%▼	-1.31%	-5.37%▼	-0.94%
2	-3.06%▼	-1.67%	-7.68%▼	-1.10%
3	-3.54%▼	-2.07%▽	-5.99%▼	-3.03%▼
4	-5.35%▼	-2.35%▽	-8.33%▼	-3.75%▼
5	-2.85%▼	-1.79%▽	-6.67%▼	-3.84%

不同于 AOL,λ^*-H-QAC 在 SnV 数据集上对基准方法的 MRR 值提升更为明显,并且前缀长度越长,提升幅度越大。这也许能部分归结于如下原因:首先,AOL 数据集包含比 SnV 数据集更多的查询词,这意味着一个能服务于更多查询词的搜索引擎能够生成更好的推荐查询词,原因在于它拥有更多相似行为的实例;其次,AOL 是一个横跨多个主题的搜索数据集,而 SnV 专注于多媒体搜索;第三,在这两个数据集中也许还存在用户类型上的差异,这将造成两个数据集在查询词的分布上的差异。例如,AOL 服务于更为普通的用户,而 SnV 则更多地服务于专业的传媒人士。此外,相比 AOL 数据集,λ^*-H-QAC 在 SnV 数据集上所表现出的优异性能也可能是两个数据集中用户搜索活动程度

的不同造成的，因为在表 4.3 中有 Q_s/U_s 这一项的值表明 SnV 中用户平均提交的查询词的数量是 AOL 的近 20 倍。

　　从表 4.6 和表 4.7 可以明显看出，这两个数据集中前缀长度越长，λ^*-H-QAC 的性能越好。为了验证这一发现，我们在图 4.7 中展示了随着前缀长度的增长，MRR 值的变化情况。我们发现，随着前缀长度的增加，在 SnV 数据集上 λ^*-H-QAC 的收敛速度比 AOL 更快。这也许是因为查询推荐会受到可利用信息的影响，稍长一些的前缀能极大地缩小推荐查询词的数量，这在 SnV 数据集上表现的尤为明显。

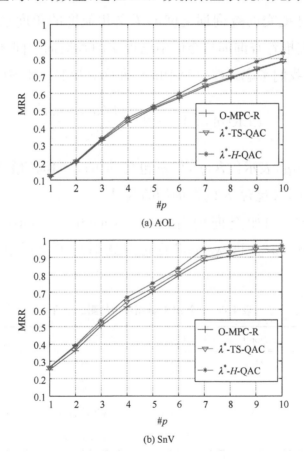

图 4.7　AOL 和 SnV 数据集上各个 QAC 模型就
评价指标 MRR 的排序性能(前缀长度为 1~10)

为了证明所提出的查询推荐模型的有效性,我们以 AOL 数据集中的一个测试实例为例说明,如表 4.8 所示。假设用户输入会话中最后一个查询词的前缀"vo",我们需要对这个前缀推荐查询词。表 4.9 中的结果是分别由 O-MPC-R、λ^*-TS-QAC 和 λ^*-H-QAC 生成的。由于查询词"volkswagon"和"volkswagen"与用户已提交的查询词"volks wagon"更为接近,因此它们被 λ^*-H-QAC 排在前列,所以相对于其他查询词,这两个查询词更能得益于上下文信息的利用,因此"volkswagon"和"volkswagen"是更合理的推荐查询词。我们也可以从推荐查询词与会话中已提交的查询词之间的语义相似度的角度来解释这一发现。为了探究推荐查询词与会话中已提交的查询词的同现关系是否是统计显著的,我们考虑式(4.15)中的查询词对相似度比率(LLR[18]),即

$$\mathrm{LLR}(q_1,q_2)=-2\log\frac{L(q_2\mid\neg q_1)}{L(q_2\mid q_1)}$$

其中,$L(q_2\mid\neg q_1)$表示包含 q_2,但不包含 q_1 的查询词的数目;$L(q_2\mid q_1)$表示既包含 q_2,又包含 q_1 的查询词的数目。

我们发现,例如查询词对"volks wagon"、"volkswagon",以及"volks wagon"和"volkswagen"的同现概率高于会话中其他的查询词对。

表 4.8　一个 AOL 数据集中的测试会话

	SesionID	UserID	Query	Time
1	221	1038	euro car	20060519,15:19:12
2	221	1038	eurocar	20060519,15:19:53
3	221	1038	volks wagon	20060519,15:21:07
4	221	1038	volkwagon	20060519,15:21:21

表 4.9 前缀"vo"所对应的推荐查询词的排序列表

O-MPC-R 的排序结果	
1	vonage
2	voyeur
3	volvo
4	voyeurweb
5	volcanoes
6	volkswagon
7	volkswagen
8	voyeur web
9	volume
10	volcano

λ^*-TS-QAC 的排序结果	
1	vonage
2	voyeur
3	volvo
4	volkswagon
5	voyeurweb
6	volkswagen
7	volcanoes
8	volume
9	voyeur web
10	volcano

λ^*-H-QAC 的排序结果	
1	volkswagon
2	volkswagen
3	volvo
4	volume
5	volcanoes
6	volcano
7	vonage
8	voyeur
9	voyeurweb
10	voyeur web

4.3.5　个性化的查询推荐模型的排序性能分析

为了回答 RQ4,我们比较了 λ^*-H-QAC 和其他两个个性化的查询推荐模型(表 4.2 中的 G-QAC 和 Personalized 查询推荐)的性能,并在表 4.10 中给出了 G-QAC 和 Personalized 查询推荐的 MRR 值,以及它们相对于 λ^*-H-QAC 的 MRR 差值。

表 4.10 为在 AOL 和 SnV 数据集上,当前缀长度为 1~5 时,G-QAC 和 Personalized QAC(Per. QAC)的 MRR 值。圆括号中为 G-QAC 和 Personalized QAC 相对于 λ^*-H-QAC 的 MRR 差值,差值的统计显著性已做标记。

表 4.10　AOL 和 SnV 数据集上 G-QAC 和 Personalized QAC (Per. QAC)的 MRR 值(前缀长度为 1~5)

#p	AOL		SnV	
	G-QAC	Per. QAC	G-QAC	Per. QAC
1	0.1132▼	0.0174▼	0.2313▼	0.2427▼
	(−7.52%)	(−85.78%)	(−13.11%)	(−8.83%)
2	0.1987▼	0.0688▼	0.3443▼	0.3619▼
	(−4.97%)	(−67.10%)	(−11.88%)	(−7.35%)
3	0.3175▼	0.1371▼	0.4564▼	0.5018▼
	(−6.26%)	(−59.52%)	(−14.76%)	(−6.29%)
4	0.4180▼	0.2256▼	0.5658▼	0.6197▼
	(−8.37%)	(−50.55%)	(−15.43%)	(−7.37%)
5	0.4981▼	0.3312▼	0.6353▼	0.7098▼
	(−4.88%)	(−36.75%)	(−15.19%)	(−5.25%)

从表 4.10 中可以看到,对于两个数据集中的所有前缀长度,λ^*-H-QAC 的 MRR 值都明显超过了 G-QAC 和 Personalized 查询推荐,这再次印证了我们对表 4.6 中的结果所做的分析。对于 AOL 数据集,Personalized 查询推荐表现不佳,它的 MRR 值比 G-QAC 低。这表明,仅根据查询词的相似度进行排序并不可靠,因为同一个前缀所对应的推

荐查询词数量非常大,并且用户经常提交新的查询词。有趣的是,在 SnV 数据集中,Personalized 查询推荐的性能优于 G-QAC。我们认为这归因于 SnV 数据集中的用户在同一个搜索会话或较长一段时间内提交相似查询词的概率更高,因此能对推荐查询词产生具有区分度的相似度得分;SnV 数据集中用户平均提交的查询词更多,这使得对式(4.8)中 Q_u 的估计更加精确。

此外,相对于 G-QAC,λ^*-H-QAC 的 MRR 值的提升幅度非常大,表明 G-QAC 中用到的 MPC-ALL 方法常常会移除有用的推荐查询词。由于 SnV 数据集的相对变化(约为 15%)比 AOL(约为 7%)要大,因此数量较少的查询词将会加剧 MPC-ALL 方法的消极作用的影响。我们推断,在对推荐查询词进行排序时,查询词数量较小的数据集更易受到查询词频率波动的影响。

4.3.6 权重值 γ 的影响

接下来,我们探究当式(4.12)中权重 γ 的值从 0~1 时,对混合查询推荐模型 λ^*-H-QAC 的性能会有何影响,结果如图 4.8 所示。对于 AOL 数据集(图 4.8(a)),当 λ^*-H-QAC 中 γ 值从 0 递增到 0.4 时,混合查询推荐模型的性能递增幅度比其他情况(0.4<γ<1)更显著。当我们仅根据查询词的相似度对推荐查询词进行排序时,即当 $\gamma=0$ 时,λ^*-H-QAC 的排序性能最差;当 $\gamma=0.7$ 时,λ^*-H-QAC 的 MRR 值最高,这表明对于 AOL 数据集,较查询词相似度而言,λ^*-H-QAC 更偏重于查询词频率的时间敏感性,这一发现被再一次印证,当我们对 0≤γ≤0.5 和 0.5≤γ≤1 的 MRR 值取平均值后可以发现,后者的均值最高。

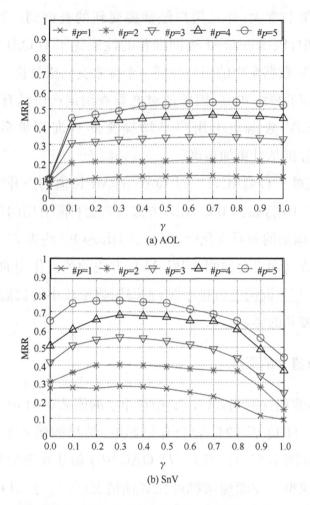

图 4.8　AOL 和 SnV 数据集上 $\lambda^* $-$H$-QAC 在
不同权重值 γ 下的性能评估(当前缀长度为 1~5)

　　对于 SnV 数据集(图 4.8(b)),γ 的最优值在 0.3 附近,这表明在
SnV 中混合的查询推荐模型更依赖于查询词之间的相似度。AOL 数
据集和 SnV 数据集中 γ 最优值的差异可以解释为,平均每个用户提交
的查询词在数量上存在差异。由于 SnV 中的用户提交了更多的查询
词,因此个性化的查询推荐方法的效果更好。此外,当 γ 值增加时,尤
其是,当 $0.5 \leqslant \gamma \leqslant 1$ 时,SnV 数据集的 MRR 值变化更为剧烈,表明 SnV

对 γ 值变化敏感度高于 AOL。λ^*-H-QAC 的总体 MRR 值高于当 $\gamma=$ 0 或 $\gamma=1$ 时的 MRR 值,这与 AOL 数据集中的结果一致。

4.3.7　组合查询推荐模型的排序性能评估

为了回答研究问题 RQ5,我们比较了 λ^*-H_G-QAC(表 4.2)和 λ^*-H-QAC(表 4.6)的 MRR 值。表 4.11 记载了 λ^*-H-QAC 的 MRR 值和它相对于 λ^*-H-QAC 的差值。可以看到,对于所有的前缀长度,SnV 数据集的 MRR 值高于 AOL,这表明 λ^*-H_G-QAC 在 SnV 上的性能优于 AOL。由于 λ^*-H-QAC 相对于 λ^*-H_G-QAC 的 MRR 差值全为负数,因此 λ^*-H-QAC 比 λ^*-H_G-QAC 的排序性能更好。

表 4.11 为在 AOL 和 SnV 数据集上,当前缀长度为 1~5 时,λ^*-H_G-QAC 的 MRR 值,以及 λ^*-H_G-QAC 与 λ^*-H-QAC(表 4.6)的 MRR 差值,差值的统计显著性已做标记。

表 4.11　λ^*-H_G-QAC 模型性能分析

#p	AOL		SnV	
	MRR	change	MRR	change
1	0.1213	-0.90%	0.2650	-0.45%
2	$0.2066^\triangledown$	$-1.21\%^\triangledown$	0.3891	-0.41%
3	$0.3330^\triangledown$	$-1.68\%^\triangledown$	0.5309	-0.86%
4	$0.4476^\blacktriangledown$	$-1.89\%^\blacktriangledown$	$0.6617^\triangledown$	$-1.10\%^\triangledown$
5	0.5179	-1.09%	$0.7398^\triangledown$	$-1.24\%^\triangledown$

另一个有趣的发现是,λ^*-H_G-QAC 与 λ^*-H-QAC 的性能非常相近,在 SnV 数据集上表现得尤为明显,它们之间的 MRR 差值不超过 1%,可能的原因如下。

① λ^*-H_G-QAC 是在字符层面对查询词之间的相似度进行评分,但这一做法受到了数据稀疏性问题的影响。

② gram 中 n 值是人为固定的,这导致了不能合理地对推荐查询词

进行排序。

4.3.8　查询推荐模型对长尾前缀的排序性能评估

为了回答 RQ6,我们探究了 λ^*-H'-QAC 在只包含长尾前缀的 AOL 和 SnV 子集中的排序性能,并将这一结果与式(4.12)中 $\gamma = 0.5$ 时,λ^*-H-QAC 的结果进行对比。表 4.12 记载了对比结果,其中长尾前缀对应的推荐查询词的数量(No.)从 1 逐个变化至 9,当 No. =1 时,λ^*-H-QAC 和 λ^*-H'-QAC 的性能相同。

表 4.12 对于只包含长尾前缀的 AOL 和 SnV 子集,当返回的推荐查询词数目从 2 到 9 变化时,λ^*-H-QAC 和 λ^*-H'-QAC 的 MRR 值,λ^*-H'-QAC vs. λ^*-H-QAC 差值的统计显著差值已做标记。

表 4.12　长尾前缀样本测试性能比较

No.	AOL		SnV	
	λ^*-H-QAC	λ^*-H'-QAC	λ^*-H-QAC	λ^*-H'-QAC
1	1.0000	1.0000	1.0000	1.0000
2	0.7756	0.7842	0.8217	0.8305
3	0.6119	0.6207	0.6412	0.6547
4	0.4701	0.4863▲	0.5231	0.5398▲
5	0.4197	0.4318M	0.4729	0.4921▲
6	0.3558	0.3617	0.3927	0.4035△
7	0.2987	0.3014	0.3138	0.3198
8	0.2461	0.2492	0.2793	0.2816
9	0.2074	0.2098	0.2239	0.2267

从表 4.12 我们可以看到,总体而言,在两个数据集上 λ^*-H'-QAC 的 MRR 值均比 λ^*-H-QAC 高。对 AOL 和 SnV 子集中的所有长尾前缀,λ^*-H'-QAC 的平均 MRR 值相对于 λ^*-H-QAC 分别提升了 1.94% 和 2.45%。此外,我们利用线性回归模型得到了最优权重值,即式(4.12)中的 γ 和 $1-\gamma$,它们控制着 λ^*-H'-QAC 中时间敏感得分和

个性化得分在排序中的贡献。我们发现,两个数据集中的最优 γ 值均小于 0.5(AOL 中约为 0.42,SnV 中约为 0.31),这表明个性化信息的利用对长尾前缀更为重要。对于长尾前缀,最终提交的查询词常常在当前会话中出现过,也就是说,在这些情况下,同一个搜索会话中常常会发现重复提交的查询词。

我们在表 4.12 中观察到一个尤为有趣的现象,即当 No. ＝4 或 5 时,$\lambda^* $-$H'$-QAC 相对于 $\lambda^* $-$H$-QAC 的增幅更大,可能的原因如下。

① 当返回的推荐查询词较少时,即 No. ＝2 或 3 时,$\lambda^* $-$H'$-QAC 与 $\lambda^* $-$H$-QAC 的性能不分上下。

② 当返回较多的推荐查询词,即 No. ＝8 或 9 时,由于长尾前缀的数量很少(图 4.5),因此 $\lambda^* $-$H'$-QAC 对性能的提升有限。

4.3.9　改进的混合查询推荐模型的排序性能评估

最后,我们探究 $\lambda^* $-$H'$-QAC 相对于其他模型的总体排序性能,$\lambda^* $-$H'$-QAC 的 MRR 值记录在表 4.6 的第 7 行。

从表 4.6 中我们可以看到。

① 由于识别了长尾前缀,因此对于所有的前缀长度,改进的混合查询推荐模型(即 $\lambda^* $-$H'$-QAC)的 MRR 值是 5 个方法中最高的,这表明长尾前缀的识别有助于提升查询推荐的整体性能。

② 在一些情景下,如 AOL 数据集中前缀长度为 3 时,$\lambda^* $-$H'$-QAC 的 MRR 值相对于 $\lambda^* $-TS-QAC 的提升在显著性水平为 α＝0.01 上是统计显著的,然而这一现象并未出现在 $\lambda^* $-$H'$-QAC 与 $\lambda^* $-TS-QAC 的 MRR 值对比中。

③ 当前缀长度为 1 时,$\lambda^* $-$H'$-QAC 与 $\lambda^* $-$H$-QAC 具有同等的查询推荐性能,这是因为没有长尾前缀仅由 1 个字符构成。

总体而言,$\lambda^* $-$H'$-QAC 相对于 $\lambda^* $-$H$-QAC 的排序性能提升是有限的。这是因为数据集中大多数前缀均能返回 10 个以上的推荐查询词,也就是说,大多数前缀并非长尾前缀,λ^*-H'-QAC 会退化为 λ^*-H-QAC,进而得到与 λ^*-H-QAC 相同的 MRR 值。

4.4　本 章 小 结

查询推荐中的大多数已有的工作要么关注于时间敏感的最大似然估计,要么侧重于计算上下文感知的相似度。在本章,我们将这两个方法结合起来一同解决查询推荐问题,其中我们利用时间序列分析方法来预测查询词的未来频率。为了了解用户的个性化搜索意图,我们对所提出的时间敏感的查询推荐模型进行了个性化拓展,其中个性化信息的利用是在字符层面推断在同一个搜索会话,以及之前的搜索任务中当前输入与已提交的查询词之间的相似度。此外,我们针对长尾前缀调整了相应的查询推荐模型。具体来说,在对长尾前缀的热门度进行判定后,我们为其分配了一个最优的权重值 $\bar{\gamma}$(式(4.12)),而不是对所有前缀均采用固定的权重值 γ。

在未来的工作中,我们打算进一步探究用基于热门度(popularity)的方法返回的前 N 个推荐查询词中 $N > 10$ 的情况:当我们将排序靠后的优异的(good candidates)推荐查询词提到前面时,排序性能能够提升多少? 此外,我们计划将本章提出的查询推荐模型在时间跨度更长的查询词数据集上进行实验,这些数据集中查询词的周期比 AOL 和 SnV 数据集中查询词的周期更长,而这些具有较长周期的查询词也许会帮助我们进一步提升查询推荐模型的排序性能。此外,我们将研究对查询推荐的排序结果进行多样化后排序性能会有多大程度的提升[19]。我们还将致力于解决当无法获得用户长期搜索历史时所面临的冷启动问题,这一问题可以通过利用在训练期间一群相似用户的搜索历史来解决。最后,对活跃用户(尤其是专业搜索用户)的个性化的时态模式(personalized temporal patterns)做更深入的建模也许能帮助生成更好的查询推荐排序列表,而这需要对从查询词项到兴趣主题(或搜索意图)进行泛化处理。下一章,我们将专注于利用两类查询推荐方法忽略掉的信息,即相似的查询词和语义上相近的词项。

参 考 文 献

[1] Bar-Yossef Z,Kraus N. Context-sensitive query auto-completion// Proceedings of the 20th International World Wide Web Conference,2011.

[2] Cai F,Liang S,de Rijke M. Time-sensitive personalized query auto-completion// Proceedings of the 23rd ACM Conference on Information and Knowledge Management,2014.

[3] Cai F,de Rijke M. Learning from homologous queries and semantically related terms for query auto completion. Information Processing and Management,2016,52(4):628-643.

[4] Cai F,Liang S,de Rijke M. Prefix-adaptive and time-sensitive personalized query auto completion. IEEE Transactions on Knowledge and Data Engineering,2016,28(9):2452-2466.

[5] Shokouhi M,Radinsky K. Time-sensitive query auto-completion// Proceedings of the 35th International ACM SIGIR Conference on Research and Development in Information Retrieval,2012.

[6] Shokouhi M. Learning to personalize query auto-completion// Proceedings of the 36th International ACM SIGIR Conference on Research and Development in Information Retrieval,2013.

[7] Whiting S,Jose J M. Recent and robust query auto-completion// Proceedings of the 23rd International World Wide Web Conference,2014.

[8] Jiang J Y,Ke Y Y,Chien P Y,et al. Learning user reformulation behavior for query auto-completion// Proceedings of the 37th International ACM SIGIR Conference on Research and Development in Information Retrieval,2014.

[9] Li L,Deng H,Dong A,et al. Analyzing user's sequential behavior in query auto-completion via Markov processes// Proceedings of the 38th International ACM SIGIR Conference on Research and Development in Information Retrieval,2015.

[10] Li Y,Dong A,Wang H,et al. A two-dimensional click model for query auto-completion// Proceedings of the 37th International ACM SIGIR Conference on Research and Development in Information Retrieval,2014.

[11] Mitra B. Exploring session context using distributed representations of queries and refor-

mulations// Proceedings of the 38th International ACM SIGIR Conference on Research and Development in Information Retrieval, 2015.

[12] Whiting S, McMinn J, Jose J. Exploring real-time temporal query auto-completion// Proceedings of the 12th Dutch-Belgian Information Retrieval Workshop, 2013.

[13] Pass G, Chowdhury A, Torgeson C. A picture of search// Proceedings of the 1st International Conference on Scalable Information Systems, 2006.

[14] Chatfield C. The Analysis of Time Series: An Introduction[M]. New York: Chapman, 2004.

[15] Huurnink B, Hollink L, van Den H, et al. Search behavior of media professionals at an audiovisual archive: a transaction log analysis. Journal of the Association for Information Science and Technology, 2010, 61(6): 1180-1197.

[16] Gama J, Zliobaite I, Bifet A, et al. A survey on concept drift adaptation. ACM Computing Surveys, 2014, 46(4): 1-37.

[17] Litwin W, Mokadem R, Rigaux P, et al. Fast n-gram-based string search over data encoded using algebraic signatures// Proceedings of the 33rd International Conference on Very Large Data Bases, 2007.

[18] Jones R, Rey B, Madani O, et al. Generating query substitutions// Proceedings of the 15th International World Wide Web Conference, 2006.

[19] Cai F, Reinanda R, de Rijke M. Diversifying query auto-completion. ACM Transactions on Information Systems, 2016, 34(4): 1-32.

第 5 章　基于同源查询词和语义相关性的查询推荐方法

在第 4 章,我们介绍了时间敏感的个性化查询推荐模型。在计算查询词频率时,我们采用严格的查询词匹配方法,大多数查询推荐方法均采用这种匹配方法按照频率对推荐的查询词进行排序。然而,这些查询推荐模型却忽略了一类查询词,即同源查询词。这类查询词具有排列顺序不同的相同词项或者是对原始查询词的扩展。更重要的是,同源查询词通常反映用户非常相似的查询意图,而已有的查询推荐方法却常常忽略在语义上相关的词项。我们认为,用户在构思查询词时倾向于将语义上相似的词项进行组合。本章提出一个基于学习的查询推荐模型,该模型首次引入从同源查询词和语义上相关的词项中提取的特征。具体而言,我们在这一模型中考虑候选查询词的同源查询词的观测和预测频率;查询词中语义上相关的词项对和同一个会话中的语义相关查询词对。

首先,对于给定的查询词 $q = (\text{term1}, \text{term2}, \cdots, \text{term}_m)$,我们对两种不同类型的同源查询词做形式化定义。

① 已知查询词 q,对 q 进行扩展可得到它的超级查询词(super query)$S_q = (\text{term}_1, \text{term}_2, \cdots, \text{term}_m, \text{term}_{m+1}, \cdots, \text{term}_L)$。

② q 的伪相同查询词(pseudo-identical query),p_q 是 q 的另一种组合方式。在某种程度上,同源查询词表达相似的查询意图。

例如,在 2014 年年底,对于查询词"Chile SIGIR"和"SIGIR Chile"("Chile SIGIR"的伪相同查询词),搜索引擎可能会返回相同的结果页面。在 2015 年,查询词"Chile SIGIR"和"Chile SIGIR 2015"的搜索结果页面的内容可能会有很大程度上的重叠。基于这些实例,假设在查询推荐中将同源查询词作为上下文信息是有益的。

本章的一个重要创新是,从同源查询词中提取查询推荐特征。我们提出的在查询推荐中使用词汇变化(lexical variations)的另一种方式是基于语义上相关的词项。已有文献指出,用户的历史搜索记录通常能反映出他们的搜索意图,用户的搜索意图通常表现在他们提交的查询词或点击过的文件。例如,Shokouhi[1]在对推荐的查询词进行重排序时研究了推荐查询词与短期和长期搜索历史中已提交的查询词之间的相似度。Jiang[2]从用户对查询词的重构行为中提取了相应的特征用于查询词的重排序。

借助推荐的查询词中语义上相关的词项,以及推荐的查询词与同一个会话中已提交的查询词之间语义上相关的词项,以不同于现有方法的方式来利用这一现象。下面以如表 5.1 所示的 AOL 数据集的搜索实例说明。

表 5.1　一个 AOL 会话实例

	SessionID	UserID	Query	Time
1	821174	1662425	google	20060408,17:02:46
2	821174	1662425	evanescence	20060408,17:04:21
3	821174	1662425	ulitimate guitar	20060408,17:05:13
4	821174	1662425	evanescence videos	20060408,17:09:44
5	821174	1662425	evanescence videos	20060408,17:16:23
6	821174	1662425	music videos	20060408,17:17:31

假设用户还未提交最后一个查询词(查询词 6,"music videos"),我们要对其前缀"mus"进行推荐查询词的推荐。基于查询词频率的常规基准方法很有可能将"music"排在首位,如表 5.2(a)所示。如果考虑候选查询词的同源查询词的频率,可以得到如表 5.2(b)所示的推荐列表,是表 5.2(a)的一个重排序版本。很显然,排在前两位的查询词"music"

和"music videos"比其他候选词更能受益于同源查询词。但是,如果我们回顾用户的搜索会话,例如表5.1中的查询词4和5,会发现"videos"与已提交的查询词在语义上更为相关。基于这一发现,表5.2(a)中的"music videos"理应是更为合理的推荐词。若考虑候选查询词本身和同一会话内查询词的词项语义相似度,可以得到如表5.2(c)所示的重新排序后的查询推荐推荐列表。可以看到,语义上更为相近的查询词"music videos"和"music videos codes"被排在了前列。

表 5.2 前缀"mus"对应的推荐查询词的排序列表

(a) 按照查询词的频率排序	
1	music
2	music dowloads
3	music videos
4	music lyrics
5	music video codes
6	music codes
7	music new
8	music download
9	music friend
10	mustang

(b) 按照同源查询词的频率排序	
1	music
2	music videos
3	music download
4	music new
5	music codes
6	music music dowloads
7	music lyrics
8	mustang
9	music video codes
10	musicians friend

续表

	(c) 按照语义相似度排序
1	music videos
2	music video codes
3	music dowloads
4	music new
5	musicians friend
6	music codes
7	music dowload
8	music lyrics
9	music
10	mustang

　　受上述实例和从用户行为中提取特征的基于学习的查询推荐模型 L2R-U[2] 的启发,我们提出若干基于学习的查询推荐模型。这些模型分别首次使用从预测频率、同源查询词和语义上相关的词项中提取的特征。尤其是,从推荐查询词的观测和预测频率中提取的特征,得到 L2R-UP 模型;从候选词的同源查询词的观测和预测频率中提取的特征,得到 L2R-UPH 模型;从查询词和同一会话中查询词对的词项语义相关度中提取的特征,得到 L2R-UPS 模型。上述所有新提出的特征,得到 L3R-ALL 模型。基于 LambdaMART[3] 学习方法,这些基于机器学习的查询推荐模型旨在将对根据频率返回的前个推荐查询词进行重新排序。本章将回答如下问题。

　　RQ7　从推荐查询词的观测和预测频率中提取的特征是否会提升基于学习的查询推荐模型的性能,而不对基于用户行为的特征方法产生负面影响? 也就是说,L2R-UP 相对于 L2R-U 的性能如何?

　　RQ8　语义特征能否提升基于学习的查询推荐模型的性能? 也就是说,与 L2R-UP 相比,L2R-UPS 的性能如何?

　　RQ9　同源查询词能否提升基于学习的查询推荐模型的性能? 也

就是说,与 L2R-UP 相比,L2R-UPH 的性能如何?

RQ10　L2R-UPS 相对于 L2R-UPH 的性能如何?在学习过程中使用了所有特征后(L2R-ALL),查询推荐的性能是否有提升,若有,增幅是多大?

RQ11　对基于学习的查询推荐模型而言,提出的特征中哪些是主要的特征?

通过在基准方法中加入新提取的特征,我们得到一个新的查询推荐排序模型,并用这一新的模型回答上述问题。我们在两个公开发布的数据集上对所提出的排序模型进行了实验,实验结果发现从语义相似度和同源查询词中提取的特征都很重要,并且它们确实能帮助提升查询推荐的排序性能。

本章的主要贡献如下。

① 提出一个基于学习的查询推荐排序模型(L2R-QAC),通过利用推荐查询词的两类同源查询词信息完成查询词的推荐。

② 通过利用候选查询词本身和同一会话内查询词的词项语义相似度,我们提出用于查询推荐的语义特征。

③ 评估了提出的利用新特征进行学习的 L2R-QAC 模型,并发现它的推荐效果优于目前最新的基于学习和基于查询词频率的查询推荐模型。

实验结果还表明,在查询推荐任务中基于语义的特征可能比基于同源查询词的特征的作用更大,虽然这一差别并不是统计显著的。换句话说,在用户构造查询词时,各个查询词项并不是随机组合的。语义上相近的词项或查询词更有可能出现在同一个查询词或同一个会话中。

本章剩余章节的安排如下:5.1 节描述基于学习的查询推荐模型中用到的各个特征;5.2 节介绍实验的设置和参数的取值;5.3 节分析对应的实验结果;5.4 节对本章进行总结,并提出未来研究工作的方向。

5.1　方　法　描　述

本节首先描述查询推荐中基于学习的排序方法(L2R),然后提出若干基于学习的查询推荐排序模型,考虑四类可能会影响查询推荐排序的特征,即基于查询词频率的特征、基于用户对查询词的重构行为的特征、基于同源查询词的特征,以及基于语义的特征。各个特征的概览如表 5.3~表 5.5 所示。

表 5.3 为基于查询词频率的特征(10 个特征)及对应的表达式。计算查询词频率的观测值和预测值时用到的时间段为 whole、1-day、2-day、4-day、7-day。

表 5.3　基于查询词频率的特征(10 个特征)及对应的表达式

Period	Description	Formula
whole,1-,2-,4-,7-day	Observation	$fre(q,period)$ in §5.1.1
1-,2-,4-,7-day	Predicted by trend	$\hat{y}_{t_0}(q,i)_{trend}$ as in (5.1)
whole	Predicted by periodicity	$\hat{y}_{t_0}(q)peri$ as in (5.2)

表 5.4 为基于同源查询词的特征(60 个特征)及对应的表达式。同源查询词可以分为超级查询词和伪相同查询词。超级查询词的权重值可通过计算查询词词项重叠度(5.1.2 节)或共同前缀的权重值得到(5.1.2 节)得到。对每个特征,我们计算两个特征值,即最大值或和值(5.1.2 节)。

表 5.4　基于同源查询词的特征(60 个特征)及对应的表达式

Period	Impact	Description	Formula
Super query			
whole,1,2,4,7-day	w in(5.5)or(5.6)	Observation	$fre(q',peri)$ in §5.1.1
1-,2-,4-,7-day	w in(5.5)or(5.6)	Predicted by trend	$\hat{y}_{t_0}(q',i)_{tre}$ in(5.1)
whole	w in(5.5)or(5.6)	Predicted by periodicity	$\hat{y}_{t_0}(q')_{per}$ in(5.2)

续表

Period	Impact	Description	Formula
Pseudo-identical query			
whole,1,2,4,7day	$w=1$	Observation	$fre(q',peri)$ in §5.1.1
1-,2-,4-,7-day	$w=1$	Predicted by trend	$\hat{y}_{t_0}(q',i)_{tre}$ in(5.1)
whole	$w=1$	Predicted by periodicity	$\hat{y}_{t_0}(q')_{per}$ in(5.2)

　　表 5.5 为基于语义的特征(4 个特征),即对应的表达式。对每个特征我们计算最大值或和值;在计算 word2vec 得分时可以利用两个数据源,即 GoogleNews 或查询词数据集(AOL 或 MSN)。

表 5.5　基于语义的特征(4 个特征)即对应的表达式

Description	Formula
Word2vec score from GoogleNews or query logs	word2vec in §5.1.3
Lexical similarity score from query logs	fWordSimMax and fWordSimSum in §5.1.3
Term pair likelihood ratio from query logs	fLLRMax and fLLRSum as (5.7)
Term pair cooccurrence frequency from query logs	$f$cof max and $f$cof sum in §5.1.3
Lexical query similarity score from query logs	fQueSimMax and fQueSimSum in 5.1.3
Temporal relation from Query logs	fTemRelMax and fTemRelSum as in(5.8)

　　我们采用 LambdaMART[3] 对由 MPC 方法[4] 返回的前 N 个推荐查询词进行重排序。所有合适的排序学习方法都能用于查询推荐排序,并得到相应的查询推荐排序模型,这些排序模型的结果也大体相同。由于 LambdaMART 是目前基于学习的排序方法中效果最优的[1],因此我们选择用它来构造查询推荐的排序模型。

5.1.1　基于查询词频率的特征

　　我们从候选查询词(表 5.3)及其同源查询词(表 5.4)中提取基于查询词频率的特征。在这类特征中,我们既考虑查询词的观测频率,也考虑查询词的预测频率。

（1）查询词的观测频率

通过观测不同时间区间内的查询词频率，可以得到时间敏感的特征对，用 $\mathrm{fre}(q,\mathrm{peri})$ 表示。用于观测查询词频率的时间区间分别设置为 $\{1\text{-day},2\text{-day},4\text{-day},7\text{-day},\mathrm{whole}\}$，其中 whole 表示整个训练集的时间跨度，而其他的时间区间表示数据集中的近 1、2、4、7 天。我们仅关注这 5 个时间段内查询词的频率的原因如下。

① 在实验中用于学习的数据集并不大，因此无法计算更长时间区间内的查询词频率。例如。我们使用的 MSN 数据集仅由 1 各月内用户提交的查询词组成。

② 我们选择的时间区间是 Whiting 提出的时间敏感的查询推荐模型[5]中时间区间的子集。这些时间区间已被证明能够很好的用于查询词频率近期变化趋势的计算。

（2）查询词的预测频率

第 4 章已介绍过根据频率的近期变化趋势和周期性来预测查询词未来频率的有关内容，本节我们将从中提取相应的特征。具体来说，首先根据查询词 q 在不同时间点 t 的每日频率 $C(q,t)$ 的一阶导数来计算其频率近期的变化趋势，然后根据前 i 天的频率观测值来预测 q 在第 t_0 天的未来频率 $\hat{y}_{t_0}(q,i)_{\mathrm{tre}}$，即

$$\hat{y}_{t_0}(q,i)_{\mathrm{tre}} = y_{t_0-i}(q,i) + \int_{t_0-i}^{t_0} \frac{\partial C(q,t)}{\partial t}\mathrm{d}t \tag{5.1}$$

其中，$y_{t_0-i}(q,i)$ 为 q 在前 i 天的观测频率；为简便，令 i 的取值范围为 $i\in\{1,2,4,7\}$。

此外，还需要根据查询词频率的周期性预测其未来频率 $\bar{y}_{t_0}(q)_{\mathrm{per}}$。我们以查询词每小时的频率为基础检测频率的周期性，然后以天为单位计算查询词的未来频率。通过对查询词在近期时间点 $t_p = t_0 - 1 \cdot T_q,\cdots,t_0 - M \cdot T_q$ 的 M 个观测值取平均，得到平滑后的 $\bar{y}_{t_0}(q)_{\mathrm{per}}$ 值为

$$\bar{y}_{t_0}(q)_{\mathrm{per}} = \frac{1}{M}\sum_{m=1}^{M} y_{t_0-m\times T_q}(q) \tag{5.2}$$

其中,T_q 为查询词 q 的周期。

我们利用自相关系数法探测查询词 q 的频率是否具有周期性。自相关系数是在时间 $t=1,2,\cdots,N_s$ 处的 N_s 个连续的查询次数 $C(q,t)$ 的相关系数,该系数可由一个时间序列及其延迟 i 个时间单元后的序列计算得到,即

$$r_i = \frac{\sum_{t=1}^{N_s-i}(C(q,t)-\overline{x}_1)(C(q,t+i)-\overline{x}_2)}{(\sum_{t=1}^{N_s-i}(C(q,t)-\overline{x}_1)^2)^{\frac{1}{2}}(\sum_{t=1}^{N_s-i}(C(q,t+i)-\overline{x}_2)^2)^{\frac{1}{2}}}$$

(5.3)

其中,$\overline{x}_1$ 为最初 N_s-i 个观测值的平均值;$\overline{x}_2$ 为最后 N_s-i 个观测值的平均值。

若 N_s 足够大,则式(4.5)中的分母可用估计值来简化。首先,可忽略平均值 $\overline{x}_1$ 和 $\overline{x}_2$ 的差值。其次,可忽略第 $1\sim N_s-i$ 个观测值的和与第 $i+1\sim N_s$ 个观测值的和的差值。由此可得 r_i 的估计值,即

$$r_i \approx \frac{\sum_{t=1}^{N_s-i}(C(q,t)-\overline{x}_1)(C(q,t+i)-\overline{x}_2)}{\sum_{t=1}^{N_s}(C(q,t)-\overline{x})^2}$$

(5.4)

其中,$\overline{x} = \sum_{t=1}^{N_s}C(q,t)$ 表示总体平均值。

关于自相关系数法更详尽的内容请见 4.1.1 节。

5.1.2　计算同源查询词的权重值

已知查询词 q,q 的同源查询词集合 $\mathrm{Hom}(q)$ 是由数据集中 q 的所有超级查询词 s_q 和伪相同查询词 p_q 组成,并且这些同源查询词先于 q 提交。对于候选词 q_c 的每个同源查询词 $q_c' \in \mathrm{Homa}(q_c)$,我们提取基于频率的特征(5.1.1 节)。在计算同源查询词最终的基于频率的特征时,我们并不会对 q_c 的所有同源查询词 q_c' 使用相同的权重值。作为替代,根据 q_c' 与 q_c 的相似度来计算权重值 w,这使得我们能从同源查询词 q_c' 得到 q_c 的频率。

在对同源查询词的频率进行折算后,我们用所有同源查询词折算后频率的最大值,以及和值作为特征。接下来,我们介绍两种折算方法。

(1) 以查询词的词项重叠度计算权重

很显然,q_c' 与 q_c 的共同词项越多,它们之间越相关,用 $q_c' \bigcap q_c$ 表示 q_c' 与 q_c 的共同词项。我们将词项重叠比率 $\text{Discount}(q_c', q_c)$ 与 q_c 的超级查询词 s_q 的频率相乘达到折算频率的目的为

$$w \leftarrow \text{Discount}(s_p, q_c) = \frac{|s_q \bigcap q_c|}{|s_q|} \tag{5.5}$$

其中,$|\cdot|$ 表示输入内容中的词项数目。

对于 q_c 的伪相同查询词 p_q,假设 q_c 和 p_q 的频率相同,因此 $\text{Discount}(p_q, q_c) = 1$。

(2) 以共同的前缀计算权重

除了用查询词的词项重叠度进行折算,我们还假设一个较长的共同前缀比较短的共同前缀更重要。这一点可以通过引入一个基于重叠前缀长度的影响因子来表示。于是,我们用 $\text{Impact}(s_q, q_c)$ 对超级查询词的频率进行折算,即

$$w \leftarrow \text{Impact}(s_p, q_c) = \frac{\| \text{CommonPrefix}(s_q, q_c) \|}{\| s_q \|} \tag{5.6}$$

其中,$\|\cdot\|$ 表示输入内容的字符个数。

式(5.6)聚焦于最长的共同前缀而不是重叠的词项。对于 q_c 的伪相同查询词 p_q,我们令 $\text{Impact}(p_q q_c) = 1$。

5.1.3　基于语义的特征

我们采用两种不同的方式来利用语义信息。本章开篇介绍部分的实例说明与同一会话中已提交的查询词语义上更为相关的查询词更有可能是用户最终点击的查询词。基于在语义上更为相关的查询词是更

好的候选词这一假设,我们计算了查询词中词项的语义相关度。

(1) 查询词的语义相关度

我们采用几种不同的方法来计算查询词词项之间的语义相关度。首先,我们采用将 POS 标记、隐性语义分析和 WordNet 相结合的词汇相似度方法来计算词项层面的语义相似度[6]。已知两个词项,该方法能返回一个表示取值范围在 0.0～1.0 的数字(1.0 表示绝对相似),通过该数值可以捕获词项之间的相似度,在对所有相似度得分取最大值与和值后,可以分别得到 $f_{WordSimMax}$ 和 $f_{WordSimSum}$ 两个特征[①]。

接下来,我们计算查询词词项对的似然比。Jones 等[7]发现搜索会话经常递交的查询词对可利用统计假设测试进行筛选。已知两个查询词,我们可计算它们之间的似然比(likelihood ratio,LLR)。LLR 测试旨在判断两个查询词在同一搜索会话中的同现是否为统计显著的。与此相似,我们认为在同一个查询词中经常一起出现的词项对可能是语义相关的,因此用 LLR 得分来计算查询词中词项之间的语义相关度。具体来说,假设一个查询词由两个词项 $term_1$ 和 $term_2$ 构成,这一词项对的 LLR 得分为

$$\text{LLR}(term_1, term_2) = -2\log \frac{L(term_2 \mid \overline{term_1})}{L(term_2 \mid term_1)} \qquad (5.7)$$

其中,$L(term_2 \mid \overline{term_1})$ 表示包含 $term_2$,但不包含 $term_1$ 的查询词的数目;$L(term_2 \mid term_1)$ 表示既包含 $term_2$,又包含 $term_1$ 的查询词数目。

LLR 得分越大,表示语义上越相关。对于查询词 q(包括停用词在内),我们计算了它所有词项对的 LLR 得分以评估语义相似度。在对所有词项对的 LLR 得分取最大值与和值后,可分别得到 f_{LLRMax} 和 f_{LLRSum} 两个基于语义的特征。此外,对于查询词 q 的词项对($term_i$,$term_j$),我们不考虑词项的顺序,仅保留($term_i$,$term_j$)的 LLR 得分和

---

① 这里使用一个由 UMBC 发布的网络应用程序接口,该接口能用来计算词项之间的语义相似度得分,http://swoogle.umbc.edu/SimService/api.html。

$(\text{term}_j, \text{term}_i)$ 的 LLR 得分中的最大值,然后将所有词项对的 LLR 得分的最大值与和值作为部分的(partial)基于语义的特征,它们可以分别表示为

$$f_{\text{cof\_max}} = \max_{\text{term}_{i,j} \in q} (\max(L(\text{term}_i \mid \text{term}_j), L(\text{term}_j \mid \text{term}_i)))$$

和

$$f_{\text{cof\_sum}} = \sum_{\text{term}_{i,j} \in q} \max(L(\text{term}_i \mid \text{term}_j), L(\text{term}_j \mid \text{term}_i))$$

我们采用的第 3 个计算查询词词项之间语义相似度的方法建立在文献[8]所述方法的基础上,称为 word2vec。该方法通过学习大量的非结构文本,如 GoogleNews 从而将词项用向量进行表示,将查询词表示为连续的向量能捕获有意义的语义词项规律[9]。我们采用这一方法来计算查询词词项之间的语义相关度。Skip-gram 模型的训练目的是在输入由词项 $\text{term}_1, \text{term}_2, \cdots, \text{term}_{T_r}$ 组成的句子后,通过学习,模型输出的词项的向量表示能够预测周围的词项,这一目的可以通过最大化平均对数概率来实现,即

$$\frac{1}{T_r} \sum_{t=1}^{T_r} \sum_{-c_s \leqslant j \leqslant c_s, j \neq 0} \log P(\text{term}_{t+j}, \text{term}_t)$$

其中,c_s 是用于训练的上下文的大小。

这一做法使得我们能对查询词的每个词项对分配一个从 Google-News 学习到的 word2vec 得分。于是,在对所有词项对的 word2vec 得分取最大值与和值后,可分别得到 $f_{\text{W2vGooMax}}$ 和 $f_{\text{W2vgooSum}}$ 两个特征。由于训练所得的词项表征是一个由数据驱动的方法,这一方法高度依赖于文本数据源,并且无法表示成语或文本数据中较少出现的词项。因此,作为一种补偿的查询词词项的表示方法,我们在一个由查询词构成的数据集上训练一个局部的 Skip-gram 模型,然后计算基于局部数据集的语义相关度得分。换句话说,我们将查询词数据集中的每个查询词作为一个词项序列来代替非结构文本中的句子。基于从查询词数据集

中学习得到的 word2vec 模型,在对 word2vec 得分取最大值与和值后,我们可以分别得到 $f_{\text{W2vLogMax}}$ 和 $f_{\text{W2vLogSum}}$ 两个特征。

(2) 会话中的语义相关度

目前,我们已经考虑了查询词内的词项之间的语义相关度,接下来考虑使用另一些方法获得候选查询词和同一会话中已提交的查询词之间的语义相关度。

首先,利用之前提到的将 POS 标记、隐性语义分析和 WordNet 相结合的方法从词汇层面(lexical level)来获得候选查询词和同一会话中已提交的查询词之间的语义相关度,借助这一方法我们可以得到 $f_{\text{QueSimMax}}$ 和 $f_{\text{QueSimSum}}$ 两个特征。

然后,借鉴文献[10]中的方法,使用查询词在时间上的相关性来计算它们的语义相关度。也就是说,如果两个查询词的频率随时间的变化趋势相似,那么假设它们在语义上是相关的。我们采用 Pearson 相关性系数来计算候选查询词 q_c 和已提交的查询词 q_x 在这一意义上的相关性,相关性通常用字母 r 表示。与式(5.4)类似,$r(q_c, q_x)$ 可以形式化表示为

$$r(q_c, q_x) = \frac{1}{n_u} \sum_{i=1}^{n_u} \left[\frac{q_{c,i} - \mu(q_c)}{\delta(q_c)} \right] \left[\frac{q_{x,i} - \mu(q_x)}{\delta(q_x)} \right] \quad (5.8)$$

其中,查询词 q_c(或 q_x)在 n_u 天内的频率是一个 n_u 维向量 $q_c = (q_{c,1}, q_{c,2}, \cdots, q_{c,n_u})$;$\mu(q_c)$ 和 $\delta(q_c)$ 分别表示 q_c 频率的均值和标准差;q_c 和 q_x 的相关性 $r(q_c, q_x)$ 用于衡量这两个查询词线性相关程度;$r(q_c, q_x)$ 的取值在 $+1 \sim -1$,$+1$ 表示两个查询词准确地(exactly)正线性相关,-1 表示它们是准确地负线性相关。

同样,在对所有查询词对的相关度得分取最大值与和值后,可分别得到 $f_{\text{TemRelMax}}$ 和 $f_{\text{TemRelSum}}$ 两个时间上的语义特征。

5.1.4　特征总结

借鉴文献[2]中的做法,我们同样在三个层面利用用户的查询词重

构行为,即词项层面、查询词层面和会话层面。基于同源查询词的特征和基于语义相关度的特征是本章提出的新特征,包括文献[2]提出的特征在内,我们总共使用了 127 个特征。

我们可以将特征分为三类,即基于查询词频率的特征、基于用户查询词重构行为的特征和基于语义相关度的特征。对基于查询词频率的特征,我们计算该查询词及其同源查询词的观测频率和预测频率。对基于用户查询词重构行为的特征,我们直接使用文献[2]提出的特征。同源查询词分为两类,共有 5 个用于计算频率观测值的时间区间、4 个用于计算频率近期变化趋势的时间区间、2 种计算权重值的方法(仅针对超级查询词)和 2 种计算值,总计共 60 个特征,即 30 个基于频率观测值的特征和 30 个基于频率预测值的特征(其中 24 个特征基于频率近期变化趋势,4 个特征基于频率的周期性)。参照候选词的频率,可通过简单地改变时间区间的长度来计算近期观测值和预测值,从而得到 5+4+1=10 个特征。对于基于语义相关度的特征,可以使用两个数据集来计算 word2vec 得分:GoogleNews 和局部查询词数据集(AOL 或 MSN);可以采用 2 种计算方式得到同源查询词的频率特征和语义特征:取最大值与求和值;包括 2 种词项对的显著性得分;在词项和查询词层面来衡量语义相关度,共计 14 个特征。

因此,对基于学习的查询推荐模型,我们总共提出 70(60+10)个基于查询词频率的特征,14 个基于语义相关度的特征和 43 个基于用户查询词重构行为的特征,共计 70+14+43=127 个特征。

5.2　实　验　设　计

本节将详述我们的实验设置,5.2.1 节概述分别使用不同特征进行训练的查询推荐排序模型;5.2.2 节描述数据集的统计特征;5.2.3 节详述实验设置和参数取值。

5.2.1　模型概述

为了了解每类特征对排序的贡献,根据学习过程用到的特征,我们列举了 6 个不同的 L2R-QAC 模型,即 L2R-U、L2R-UP、L2R-UPS、L2R-UPH、L2R-ALL 和 L2R-TOP,如表 5.6 所示。

表 5.6　本章讨论的 QAC 模型

模型	描述	特征数目	来源
基准方法			
MPC-ALL	根据查询词在提交前数据集中出现的次数排序	—	[4]
MPC-R	根据查询词在近 R 天出现的次数排序	—	[5]
L2R-U	一个基于学习的排序模型,利用从用户的查询词重构行为中提取的特征对查询词进行排序	43	[2]
本章提出的模型			
L2R-UP	通过加入 10 个基于查询词频率的特征对 L2R-U 模型进行拓展	$43+10=53$	本章
L2R-UPS	通过加入 14 个基于语义的特征对 L2R-UP 模型进行拓展	$53+14=67$	本章
L2R-UPH	通过加入 60 个同源查询词的基于查询词频率的特征对 L2R-UP 模型进行拓展	$53+60=113$	本章
L2R-ALL	利用所有的特征进行排序	$67+60=127$	本章
L2R-TOP	通过加入本章所提出的特征中前 10 个重要的特征对 L2R-UP 模型进行拓展	$53+10=63$	本章

为了对比不同模型的性能,我们采用如下查询推荐模型作为基准方法。

① 最热门查询词(MPC)方法,它基于查询词在整个数据集中的频率(4.2.1 节),用 MPC-ALL 表示[4]。

② 基于 MPC 的方法,它使用查询词在近期一段时间内的频率来进行排序,是目前最新的查询推荐排序方法,用 MPC R 表示[5]。对于该方法,我们用最佳时间区间长度 7 天计算查询词频率。

③ 近期提出的从用户查询词重构行为中提取特征的基于学习的查询推荐模型[2]，用 L2R-U 表示。前两个基准方法是基于查询词频率的查询推荐模型，最后一个基准方法 L2R-U 是基于学习的查询推荐模型。

为了选择一种最佳的基准方法与我们提出的查询推荐模型进行性能对比，我们对上述三个基准方法的排序性能进行了比较，并将结果记录在表 5.7 中。可以看到，在两个数据集中，L2R-U 的性能优于其他两个方法。例如，在 AOL 数据集上，对于前缀长度为 1 的情况，L2R-U 的 MRR 值分别比 MPC-ALL 和 MPC-R 高出 8% 和 5% 以上。在 MSN 数据集上也可以观察到类似的结果，因此我们选择 L2R-U 作为后续实验中用于性能对比的基准方法。

表 5.7 为基准方法的选择。在 AOL 和 MSN 数据集上，前缀长度为 1 时，各个 QAC 方法关于指标 MRR 和 SR@K 的得分，每一行的最优指标值用粗体表示。

表 5.7　基准方法的选择

Dataset	Metric	MPC-ALL	MPC-R	L2R-U
AOL	MRR	0.6157	0.6348	**0.6682**
	SR@1	0.4532	0.4643	**0.4815**
	SR@2	0.5914	0.6038	**0.6256**
	SR@3	0.7016	0.7121	**0.7304**
MSN	MRR	0.6305	0.6498	**0.6821**
	SR@1	0.4702	0.4757	**0.4876**
	SR@2	0.6083	0.6276	**0.6385**
	SR@3	0.7251	0.7368	**0.7437**

5.2.2　数据集

本章的实验基于两个公开的数据集，即 AOL 数据集[11]和 MSN 数据集[12]。第 3 章已对这两个数据集进行过介绍。为了连贯，我们将每个数据集分为两个部分,即 75% 的数据作为训练集,剩余的 25% 作为测试集。我们使用训练集中最后 10% 的数据作为 LambdaMART 方法的验证集。由于传统的 k 重交叉验证会打乱时间顺序,因此并不适用于按时间排序的数据[13]。对于 AOL 数据集,2006 年 5 月 8 日之前提交的查询词构成了训练集,而对于 MSN 数据集,2006 年 5 月 24 日前提交的查询词构成了训练集。

　　我们以 30 分钟静止状态(inactivity)作为界限来分割搜索会话①,并且只保留在训练集和测试集中均出现过的英文查询词。借鉴文献[2]中的做法,我们仅保留包含两个以上查询词的搜索会话。这样就可以从用户的行为中提取相应的特征。与基于会话上下文的查询推荐方法相似,我们将搜索会话中查询词的前缀设置为查询词的前 1~5 个字符。为了得到训练和测试集合,对于一个前缀,若真实的查询词不在由 MPC 返回的前 10 个推荐查询词中,则该前缀将被移除,这种做法被许多查询推荐方法采纳[14-20]。表 5.8 详述了处理后的数据集的统计信息。

　　表 5.8 为 AOL 和 MSN 数据集的统计信息。♯Prefix-★中的"★"表示前缀的字符个数。

表 5.8　AOL 和 MSN 数据集的统计信息

Variables	AOL		MSN	
	Training	Test	Training	Test
♯ Queries	3,808,083	1,571,346	3,784,925	1,402,308
♯ Unique queries	452,980	452,980	304,943	304,943
♯ Sessions	1,149,528	465,302	674,717	256,512
Queries/session	3.31	3.38	5.60	5.46
♯ All prefixes	8,783,957	3,260,130	4,995,213	1,751,158

---

① 只在 AOL 数据集上使用,MSN 数据集提供了会话 ID。

Variables	AOL		MSN	
	Training	Test	Training	Test
♯Prefix-1	605,710	209,650	427,502	141,925
♯Prefix-2	1,175,087	405,857	749,821	249,065
♯Prefix-3	1,954,285	707,580	1,134,539	387,633
♯Prefix-4	2,433,385	916,976	1,320,529	470,286
♯Prefix-5	2,615,490	1,020,067	1,362,822	502,249

我们对查询推荐任务中真实的查询词(the ground truth)做如下定义:已知一个包含 T 个查询词($\{q_1,q_2,\cdots,q_{T-1},q_T\}$)的搜索会话,对于会话中位置为 i 的查询词 q_i,$i=\{1,2,\cdots,T\}$,当输入与之对应的前缀 p 后,我们要预测查询词 q_i。那么,查询词 q 是关于这一前缀 p 的真实的(或正确的)推荐查询词,当且仅当 $q=q_i$。

接下来,我们进一步观察处理后的数据集,并计算包含不同词项数目的查询词所占的比率,以及拥有同源查询词的查询词所占的比率,结果如图 5.1 所示。总的来说,两个数据集中将近四分之一的由 1 个词项构成的查询词拥有同源查询词,其同源查询词仅由它们的超级查询词组成。对于由 2 个和 3 个词项构成的查询词,它们的同源查询词由超级查询词和伪相同查询词共同组成。对于更长的查询词(包含 3 个以上的词项),它们的同源查询词主要由伪相同查询词组成。此外,数据集中超过半数的查询词包含 1 个以上的词项,这使得我们有充足的实例来计算查询词内词项之间的语义特征,如图 5.1(b)所示。

5.2.3 实验设置

在 4.1.1 节已经提到,在预测时间敏感的查询词频率时,我们根据查询词在每个小时中的频率来检测周期性,并对查询词在未来同一天

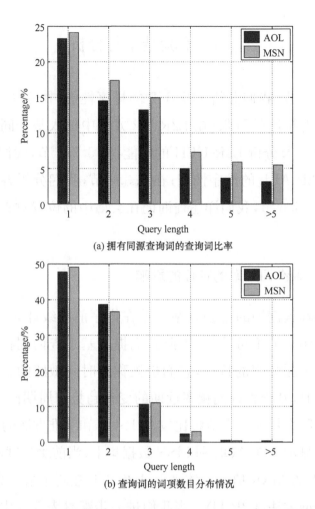

(a) 拥有同源查询词的查询词比率

(b) 查询词的词项数目分布情况

图 5.1　AOL 和 MSN 数据集中不同长度(即词项数目)查询词的统计信息

内每个小时的频率预测值求和得到以天为单位的查询词预测频率。在式(5.2)中,令 $M=3$,这是因为在 M 由 $1\sim5$ 的实验中,3 的效果最好。在对基于学习的查询推荐模型进行实验之前,我们会通过传统的 MPC 方法先得到前 N 个推荐查询词的列表,这里设 $N=10$,这是许多网络搜索引擎和查询推荐文献[15,17,19,21]常采用的设置。在所有实验中,我们用 LambdaMART 方法训练排序模型对推荐的查询词进行排序。

5.3　实验结果与分析

在5.3.1节,我们分析 L2R-UP 的排序性能;在5.3.2节,我们讨论语义特征对排序的贡献;在 L2R-UP 方法中加入基于同源查询词的特征后,5.3.3节分析 L2R-UPH 的性能;在5.3.4节,我们详述使用所有特征的 L2R-ALL 的排序性能;在5.3.5节,我们分析各个特征的重要程度;在5.3.6节,我们详述查询词在会话中的位置对查询推荐性能的影响。

5.3.1　基于查询词频率的特征的影响

由于推荐查询词的过去频率能够在排序前离线计算,而在模型运行时真实的频率值不可获得,因此我们提出基于查询词在不同长度时间区间内的观测频率的特征,它们也被称为时间敏感的查询词频率特征。与此同时,基于查询词频率近期的变化趋势和周期性,我们也提出查询词预测频率特征。本节将比较 L2R-UP 和基准方法的性能。

表5.9显示了在 AOL 和 MSN 数据集上,当前缀长度由1～5变化时,各个模型的 MRR 值。总体来看,L2R-UP 在两个数据集上的 MRR 值均优于基准方法(L2R-U)。当我们进一步观察表5.9中所有前缀长度所对应的结果时,发现对于较长的前缀,例如长度为4或5的前缀,L2R-UP 对 MRR 的提升幅度更大,表明 L2R-UP 更有效。较长的前缀能够显著缩小推荐查询词的数量,从而大大简化查询推荐问题的难度。此外,当前缀长度增加时,L2R-UP 的 MRR 值单调递增。然而,随着前缀长度的变化,基准方法的 MRR 值呈现了些许波动。正如预计的那样,L2R-UP 的 MRR 得分均高于基准方法。

表 5.9　AOL 和 MSN 数据集上,各个方法关于指标 MRR 的得分
(前缀长度从 1~5,对于每个数据集,每行最优的指标值用粗体表示。
各个方法相对于基准方法的差值已进行了统计显著性标记)

#p	AOL					
	Baseline	L2R-UP	L2R-UPS	L2R-UPH	L2R-ALL	L2R-TOP
1	0.6682	0.6764	0.6871△	0.6847△	**0.6977▲**	0.6913△
2	0.6631	0.6815△	0.6939▲	0.6898△	**0.7024▲**	0.6980▲
3	0.6654	0.6853△	0.7001▲	0.6910△	**0.7081▲**	0.7042▲
4	0.6673	0.6921△	0.7094▲	0.6981▲	**0.7144▲**	0.7127▲
5	0.6704	0.6986▲	0.7186▲	0.7059▲	**0.7215▲**	0.7201▲

#p	MSN					
	Baseline	L2R-UP	L2R-UPS	L2R-UPH	L2R-ALL	L2R-TOP
1	0.6821	0.6933	0.7028△	0.7011△	**0.7136▲**	0.7084△
2	0.6847	0.6971	0.7112△	0.7048△	**0.7204▲**	0.7183▲
3	0.6915	0.7080△	0.7225▲	0.7135△	**0.7287▲**	0.7251▲
4	0.6873	0.7113△	0.7260▲	0.7164▲	**0.7314▲**	0.7300▲
5	0.6895	0.7212▲	0.7366▲	0.7263▲	0.7416▲	**0.7487▲**

接下来,我们将评价指标 SR@1 对 L2R-UP 和基准方法(L2R-U)进行对比,结果如图 5.2 所示。

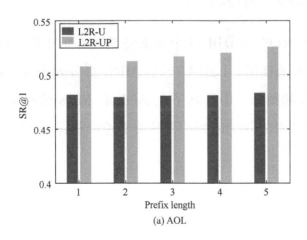

(a) AOL

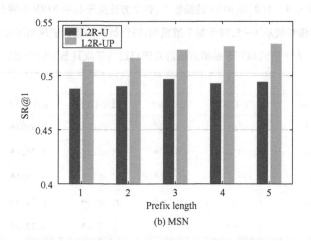

图 5.2　AOL 和 MSN 数据集上 L2R-U 和 L2R-UP 关于指标 SR@1 的得分

我们发现,L2R-UP 的 SR@1 值高于 0.5,这表明对于超过半数的测试前缀,L2R-UP 能将用户最终提交的查询词排在查询推荐列表的首位。L2R-U 在两个数据集上的 SR@1 值均低于 0.5。此外,较长前缀的 SR@1 值均高于较短前缀。基于这些发现,我们推断基于推荐查询词的观测和预测频率的特征确实能帮助基于学习的查询推荐模型生成更好的排序列表。

5.3.2　基于语义的特征的影响

为了回答 RQ8,本节用 14 个语义特征对 L2R-UP 进行拓展来验证 L2R-UPS 模型的性能。L2R-UPS 的 MRR 得分如表 5.9 所示。此外,我们在图 5.3 和图 5.4 中绘制了在 AOL 和 MSN 数据集上,当前缀长度从 1~5 时,L2R-UP 和 L2R-UPS 关于评价指标 $SR@K(K=1,2,3)$ 的得分。

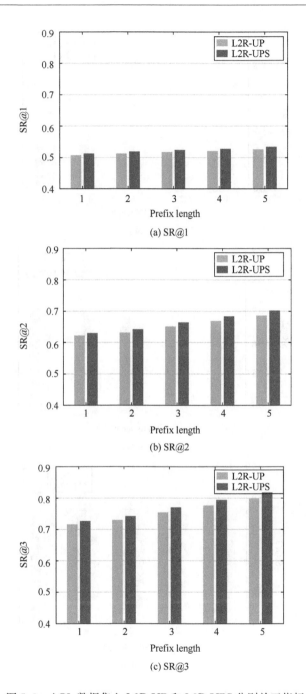

图 5.3　AOL 数据集上 L2R-UP 和 L2R-UPS 分别关于指标

SR@1、SR@2 和 SR@3 的得分(前缀长度 1~5)

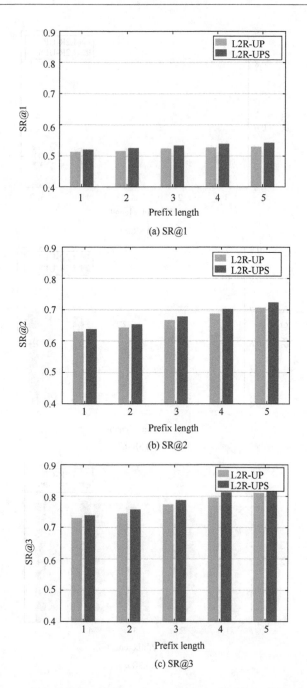

图 5.4　MSN 数据集上 L2R-UP 和 L2R-UPS 分别关于指标 SR@1、
SR@2 和 SR@3 的得分(前缀长度 1~5)

　　总体而言,对两个数据集中的所有前缀长度,L2R-UPS 的性能均优于 L2R-UP。尤其是,在 AOL 数据集上,大多数情况下,例如前缀长度为 4 和 5 时,L2R-UPS 相对于 L2R-UP 的 MRR 值的提升是统计显著的(显著性水平为 $\alpha=0.05$)。然而,在 MSN 数据集上,除了前缀长度为 5 时,所对应的 MRR 值的提升是统计显著的,其他情况下的 MRR 值的提升并不是显著的。这是因为相比于 AOL 数据集,MSN 数据集包含更多的短查询词,这导致在计算词项对的语义相关度时面临较大的困难。相比之下,在 AOL 数据集上,与基准方法(L2R-U)相比,L2R-UPS 的 MRR 值的提升幅度都很大。例如,当前缀长度为 2~5 时,MRR 的提升在显著性水平为 $\alpha=0.01$ 上是统计显著的;当前缀长度为 1 时,MRR 的提升在显著性水平为 $\alpha=0.05$ 上是统计显著的。

　　很显然,对于较长的前缀,L2R-UPS 相对于 L2R-UP 的提升更加明显。例如,在 AOL 数据集上,当前缀长度为 5 时,L2R-UPS 的 MRR 值相对 L2R-UP 提升了 2.86%,而当前缀长度为 1 时,仅提升了 1.58%。在 MSN 数据集同样也能观察到类似的现象。对于长一些的前缀,推荐的查询词更有可能由多个词项构成,这有利于提取基于语义的特征。图 5.3 和图 5.4 显示了 L2R-UP 和 L2R-UPS 关于评价指标 SR@K 的结果,对于两个数据集,由于在大多数情况下 L2R-UPS 的 SK @3 得分高于 0.8,表明 L2R-UPS 能将正确的查询词排在查询推荐列表的前 3 位。由此我们推断,利用基于语义相关度的特征进行学习的查询推荐模型能够生成"好的"推荐查询词,这些查询词中的词项在语义上更为接近。

5.3.3　基于同源查询词的特征的影响

　　下面转向 RQ9 来探究从候选词的同源查询词中提取的特征在排序中所做的贡献,相应的排序模型称为 L2R-UPH(表 5.6)。对每一个前缀,我们生成了对应的查询推荐排序列表,相应的 MRR 得分记录在

表 5.9 的第 5 列。可以看到,在两个数据集上,L2R-UPH 的 MRR 值均明显高于基准方法。对于长前缀,例如长度为 4 或 5 时,L2R-UPH 的 MRR 值相对于基准方法提升了近 5%,而对短前缀(如前缀长度为 1 时)的提升幅度要小一些。总体而言,在 AOL 和 MSN 数据集上,L2R-UPH 的 MRR 值比基准方法分别高出了 4.4% 和 4.1%。

此外,我们在表 5.10 中记录了 L2R-UPH 相对于 L2R-UP 的 MRR 差值和 SR@1 差值。总体来看,L2R-UPH 的 MRR 和 SR@1 值高于 L2R-UP。在 AOL 和 MSN 数据集上,L2R-UPH 的平均 MRR 得分比 L2R-UP 别高出 1.2% 和 0.9%。然而,L2R-UPH 相对于 L2R-UP 的提升均不是统计显著的。有趣的是,对于较短的前缀(如前缀长度为 1 或 2 时),L2R-UPH 相对 L2R-UP 的 MRR 增幅更大。这与 L2R-UPS 与 L2R-UP 的对比结果不同,后者对长前缀的 MRR 值提升更明显。我们认为,这是因为较短的前缀对应着更为含糊和长度更短的推荐查询词,而这些推荐查询词将有更大的概率拥有同源查询词,因此能为排序提供更多的信息。

表 5.10　AOL 和 MSN 数据集上 L2R-UPH 和 L2R-UP
分别关于 MRR 和 SR@1 的差值(前缀长度 1~5)

#p	AOL		MSN	
	MRR	SR@1	MRR	SR@1
1	+1.23%	+1.30%	+1.13%	+1.21%
2	+1.22%	+1.19%	+1.10%	+1.09%
3	+0.83%	+0.93%	+0.78%	+0.90%
4	+0.87%	+0.86%	+0.72%	+0.82%
5	+1.04%	+1.07%	+0.71%	+0.79%

接下来,我们聚焦于 L2R-UPS 与 L2R-UPH 在性能上的差异。从表 5.9 第 4 列和第 5 列的对比中不难看出,对于所有前缀长度,L2R-UPS 的 MRR 值均高于 L2R-UPH。在 AOL 和 MSN 数据集上,L2R-

UPS 的平均 MRR 值比 L2R-UPH 分别高出约 1.5% 和 1.3%。这一差值随着前缀的增长而增加,因此即便大多数差值并不是统计上显著的,对基于学习的查询推荐模型,在我们设置的实验环境中,基于语义的特征可能比基于同源查询词的特征更为重要。

　　总而言之,基于同源查询词的特征能够帮助改善推荐查询词的排序,这表现在用户偶尔会通过改变词项或加入新词项对原有的查询词进行修改。此外,由于在两个数据集上 L2R-UPS 比 L2R-UPH 更有效,因此相比从同源查询词中提取的特征,从语义相关度中提取的特征对基于学习的查询推荐模型的贡献更大。

5.3.4　L2R-ALL 的排序性能评估

　　对于 RQ10,我们探究了利用所有已提出的特征进行学习的 L2R-ALL 是否能进一步提升查询推荐的排序性能。L2R-ALL 在 AOL 和 MSN 数据集上的 MRR 得分记录在表 5.9 的第 6 列。显然,在两个数据集上,L2R-ALL 比 L2R-UPS 和 L2R-UPH 更有效,尤其是对于短前缀。

　　此外,我们还计算了 L2R-ALL 与 L2R-UPS 和 L2R-UPH 的差值。在两个数据集上,L2R-ALL 相对于 L2R-UPS 和 L2R-UPH 的提升均不是特别明显。然而,对于 AOL 数据集,除前缀长度为 1 和 2 的情况,L2R-ALL 相对于 L2R-UPH 的提升在显著性水平为 $\alpha=0.05$ 上是统计显著的。对于 MSN 数据集,除前缀长度为 1 的情况,L2R-ALL 相对于 L2R-UPH 的提升在显著性水平为 $\alpha=0.05$ 上是统计显著的。总体而言,L2R-ALL 的 MRR 值在两个数据集上相对于 L2R-UPS 提升了 1.2%,而相对于 L2R-UPH 的 MRR 值提升了 2.3%。相较基准方法,对于两个数据集中所有的前缀长度,L2R-ALL 的 MRR 值提升在显著性水平为 $\alpha=0.01$ 上是统计显著的。对于 AOL 和 MSN 数据集,L2R-ALL 的 MRR 值相对于基准方法分别提升了 6.8% 和 6.3%。

接下来,我们检查各个查询推荐模型对每个前缀的排序性能,并在表 5.11 中列出 L2R-ALL 相对于其他模型在所有测试前缀长度下的输、平和赢的比率。可以看到,在两个数据集上,L2R-ALL 的排序性能与其他模型基本持平。事实上,对于所有模型都能将正确的查询词排在前列(如第 1 位或第 2 位)的前缀,平局情况经常发生。这就是这些模型的 MRR 值较高的原因(表 5.9)。此外,与表 5.11 中其他 3 个模型(基准方法、L2R-UP 和 L2R-UPH)相比,L2R-UPS 模型经常击败 L2R-ALL 模型。尤其是,在 AOL 数据集上,对于长度为 4 或 5 的长前缀。

表 5.11　L2R-ALL 相对于其他 QAC 模型对每个前缀的倒数排序值比较

(第 2,5 列为测试前缀中 L2R-ALL 不敌其他模型的比例,第 3,6 列为

平局的比例,第 4,7 列为 L2R-ALL 优于其他模型的比例)

Model	AOL			MSN		
Baseline	4.21	52.17	43.62	5.48	54.30	40.22
L2R-UP	9.13	54.92	35.95	10.10	56.53	33.37
L2R-UPS	18.37	54.40	27.23	12.24	54.79	32.97
L2R-UPH	9.35	53.11	37.54	10.46	55.91	33.63

5.3.5　各个特征的敏感性分析

为了回答 RQ11,我们分析了新提出的各个特征的相对重要性。借鉴由 Agichtein 等[22]提出的方法,根据 χ^2 测试结果,我们在表 5.12 中记载了每个数据集中前 10 个最重要的特征。

表 5.12　AOL 和 MSN 数据集上通过 χ^2 测试选出的前 10 个最重要的特征

(PI(q)和 SQ(q)分别表示查询词 q 的伪相同查询词和超级查询词)

Rank	AOL	MSN
1	f_{W2v}LogMax	f_{W2v}LogMax
2	f_{Tem}RelSum	fre(PI(q),2)$_{tre\_max}$
3	fre(PI(q),2)$_{tre\_max}$	f_{W2v}GooMax

Rank	AOL	MSN
4	$f_{W2v}\text{GooMax}$	$\text{fre}(\text{PI}(q),2)_{\text{obs\_max}}$
5	$\text{fre}(\text{PI}(q),4)_{\text{obs\_max}}$	$f_{\text{TemRelSum}}$
6	$f_{\text{TemRelMax}}$	$\text{fre}(\text{PI}(q),4)_{\text{tre\_max}}$
7	$f_{\text{cof\_sum}}$	$\text{fre}(\text{PI}(q),1)_{\text{tre\_max}}$
8	$\text{fre}(\text{PI}(q),2)_{\text{obs\_max}}$	$f_{\text{W2vLogSum}}$
9	$f_{\text{W2vLogSum}}$	f_{LLRSum}
10	$\text{fre}(\text{SQ}(q),2)_{\text{tre\_sum}}$	$\text{fre}(\text{SQ}(q),4)_{\text{tre\_max}}$

可以看到,word2vec 得分是最为重要的特征,该得分是由作用在查询词数据集上的 word2vec 模型返回的查询词中所有词项对得分的最大值。总体来说,由于基于语义相关度的特征在排序位置上比基于同源查询词的特征更靠前,并且前者占据了前 10 个特征的大多数席位,因此基于语义相关度的特征比基于同源查询词的特征更为重要。伪相同(PI)查询词的基于频率的特征比超级查询词(SQ)的基于频率的特征对查询推荐排序更为有益。与此同时,近 2 天内查询词频率的观测值和预测值对查询推荐排序更加有效。这些结果同样印证了其他文献研究[2,14]的发现,即查询词的预测频率在排序中占有重要地位。然而,从其他信息中也能提取出有用的特征,例如用时间关系和词项对共现频率来表征的查询词语义相似性,即 $f_{\text{TemRelsum}}$ 和 f_{LLRSum}。在表 5.12 中两个尤为有趣的发现是,word2vec 特征的排序位置非常靠前,这意味着计算查询词中词项对之间的语义相关度确实能帮助生成更合理的查询词;大多数重要的特征使用最大值而不是和值。

为了证明特征的有效性确实对查询推荐非常重要,我们对 L2R-UP 模型用表 5.12 中的特征进行拓展,得到 L2R-TOP 模型。表 5.9 的第 7 列列出了 L2R-TOP 模型的 MRR 得分。可以看到,相比从单一信息源(即语义相关度或同源查询词)中提取的特征,表 5.12 列出的重要特征能够提升 L2R-UP 的性能;L2R-ALL 不可避免的是各个模型中性能最优的,这意味着基于学习的查询推荐模型不但可以从重要的特征中学得有用信息,而且可以从重要性低一些的特征中学到有用信息。总的来说,L2R-TOP 的性能与 L2R-ALL 相近,这表明前者用到的 63 个特征(前 10 个重要特征加上 L2R-UP 中的 53 个特征)对于生成高质量的查询推荐排序能够提供大量信息。

5.3.6　查询词位置的影响

前面的实验在进行查询推荐性能评估时主要针对会话中的最后一个查询词。同时,对会话中所有位置的查询词进行测试,以帮助我们更好地了解基于学习的查询推荐模型对会话中不同位置的查询词的排序性能。在 AOL 和 MSN 数据集上,我们对会话中每个位置的查询词所对应的前缀进行了测试,并分别将对应的 MRR 结果绘制在图 5.5 中。

从图 5.5 中可以看到。

① 对于所有的基于学习的查询推荐模型,当查询词在会话中的位置从开始逐渐变到末尾时,MRR 值也逐渐增大。这表明当用户在会话中继续输入查询词时,查询推荐的性能会随之提升。

② 在所有基于学习的查询推荐模型中,L2R-UP 的 MRR 值相对稳定,这说明 L2R-UP 对查询词位置的敏感性低于其他模型,尤其是对于 MSN 数据集。

③ L2R-ALL 模型在每个查询词位置的排序性能比其他模型要高。

上述现象可能是因为每个搜索会话末尾的用户行为信息比会话初始时的信息对基于学习的查询推荐模型更有意义,从而帮助提升查询推荐排序性能;基于语义的特征更有可能从会话的末尾信息,而不是会话的初始信息中提取,尤其是对于依赖于搜索上下文的特征(如式(5.8)中的 $f_{\text{TemRelSum}}$ 和 5.1.3 节中的 $f_{\text{cof\_sum}}$),这些基于语义的特征对基于学习的查询推荐模型(如 L2R-UP。L2R-ALL 和 L2R-TOP)非常重要。

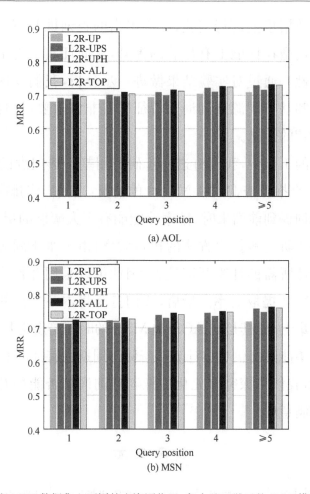

图 5.5　AOL 和 MSN 数据集上不同的查询词位置,各个基于学习的 QAC 模型的排序性能

5.4　本章小结

  本章通过提出监督的学习排序方法来解决查询推荐的排序问题。我们提出一些新的学习特征:基于同源查询词的特征(即与初始查询词拥有排列顺序不同的相同词项或在初始查询词的基础上进行了扩充)和基于语义相关度的特征(即同一查询词中词项之间的语义相关度,以及候选词与会话中已提交的查询词的词项对的语义相关度)。通过在

两个公开的数据集上进行实验,我们提出的查询推荐模型比目前最新的查询推荐模型在性能上有显著的提升,从而证实了提出的查询推荐模型的有效性。通过对实验结果做进一步分析,我们发现基于语义相关度的特征和基于同源查询词的特征确实非常重要,并且的确能帮助提升查询推荐的性能。

在未来的工作中,我们将进一步研究用基于热门度的方法(MPC)返回的前 N 个推荐查询词中 $N > 10$ 的情况:当我们将排序靠后的优异的推荐查询词提到前面来时,排序性能能有多大幅度的提升?此外,我们计划进一步研究所提出方法的执行效率,由于基于同源查询词和基于语义的特征所需的计算开销较大,因此可以采用并行执行的方法来提升模型的特征提取效率。最后,我们打算将本章提出的方法应用在更大的数据集上,尤其是比 AOL 和 MSN 的时间跨度更长的数据集,相信这些数据集能够提供更多计算基于频率周期性特征的实例。

下一章,我们将探究多元化的推荐查询词是否能提升查询推荐性能和用户的满意度。

参 考 文 献

[1] Shokouhi M. Learning to personalize query auto-completion// Proceedings of the 36th International ACM SIGIR Conference on Research and Development in Information Retrieval,2013.

[2] Jiang J Y,Ke Y Y,Chien P Y,et al. Learning user reformulation behavior for query auto-completion// Proceedings of the 37th International ACM SIGIR Conference on Research and Development in Information Retrieval,2014.

[3] Burges C,Svore K M,Bennett P N,et al. Learning to rank using an ensemble of lambda-gradient models. Journal of Machine Learning Research,2011,14(1):25-35.

[4] Bar-Yossef Z,Kraus N. Context-sensitive query auto-completion// Proceedings of the 20th International World Wide Web Conference,2011.

[5] Whiting S,Jose J M. Recent and robust query auto-completion// Proceedings of the 23rd International World Wide Web Conference,2014.

[6] Han L, Kashyap A, Finin T, et al. Umbc ebiquity-core: semantic textual similarity systems// Proceedings of the 2nd Joint Conference on Lexical and Computational Semantics, 2013.

[7] Jones R, Rey B, Madani O, et al. Generating query substitutions// Proceedings of the 15th International World Wide Web Conference, 2006.

[8] Mikolov T, Chen K, Corrado G, et al. Efficient estimation of word representations in vector space// Proceedings of Workshop at ICLR, 2013.

[9] Mikolov T, Sutskever I, Chen K, et al. Distributed representations of words and phrases and their compositionality. Advances in Neural Information Processing Systems, 2013, 26: 127-139.

[10] Chien S, Immorlica N. Semantic similarity between search engine queries using temporal correlation// Proceedings of the 14th International World Wide Web Conference, 2005.

[11] Pass G, Chowdhury A, Torgeson C. A picture of search// Proceedings of the 1st International Conference on Scalable Information Systems, 2006.

[12] Craswell N, Jones R, Dupret G, et al. Reliability and effectiveness of clickthrough data for automatic image annotation//Proceedings 2009 Workshop on Web Search Click Data, 2009.

[13] Gama J, Zliobaite I, Bifet A, et al. A survey on concept drift adaptation. ACM Computing Surveys, 2014, 46(4): 1-37.

[14] Cai F, Liang S, de Rijke M. Time-sensitive personalized query auto-completion// Proceedings of the 23rd ACM Conference on Information and Knowledge Management, 2014.

[15] Cai F, de Rijke M. Learning from homologous queries and semantically related terms for query auto completion. Information processing and Management, 2016, 52(4): 628-643.

[16] Cai F, Liang S, de Rijke M. Prefix-adaptive and time-sensitive personalized query auto completion. IEEE Transactions on Knowledge and Data Engineering, 2016, 28(9): 2452-2466.

[17] Shokouhi M, Radinsky K. Time-sensitive query auto-completion// Proceedings of the 35th International ACM SIGIR Conference on Research and Development in Information Retrieval, 2012.

[18] Li L, Deng H, Dong A, et al. Analyzing user's sequential behavior in query auto-completion via Markov processes// Proceedings of the 38th International ACM SIGIR Conference on Research and Development in Information Retrieval, 2015.

[19] Li Y, Dong A, Wang H, et al. A two-dimensional click model for query auto-completion// Proceedings of the 37th International ACM SIGIR Conference on Research and Develop-

ment in Information Retrieval, 2014.

[20] Mitra B. Exploring session context using distributed representations of queries and refor-mulations// Proceedings of the 38th International ACM SIGIR Conference on Research and Development in Information Retrieval, 2015.

[21] Whiting S, McMinn J, Jose J. Exploring real-time temporal query auto-completion// Pro-ceedings of the 12th Dutch-Belgian Information Retrieval workshop, 2013.

[22] Agichtein E, Castillo C, Donato D, et al. Finding high-quality content in social media// Pro-ceedings of the 1st ACM International Conference on Web Search and Data Mining, 2008.

第6章 多样化查询推荐方法

在第4章,我们研究了查询推荐中有关时间敏感性和用户个性化特征的信息。在第5章,我们重点研究了基于同源查询和语义相关性的查询推荐方法。我们可以看到关于查询推荐的前期研究,包括自己提出的模型,主要关注于返回用户最可能希望的提交结果,却忽视了查询推荐列表中可能存在的冗余推荐。因此,与输入前缀相匹配的语义极其相关的查询推荐经常也会被一起返回。然而,检索系统能展现的查询推荐列表中显示出来的查询推荐数目有限,这样就会导致有价值的查询推荐有可能无法在列表中显示,从而造成非最佳的用户搜索体验。因此,如果没有进一步的信息来消除用户查询主题的歧义,搜索引擎就需要关注如何产生既相关,又主题多样化的查询推荐结果,从而覆盖不同的查询意图。

直观的讲,一个合理的查询推荐方法应该最大程度的满足用户查询体验,并且保证在查询推荐的准确性和多样性之间达到折中。例如,先返回最有可能的查询推荐结果,然后去除冗余的查询推荐候选项。这样的查询方法会使用户至少找到一个满意的查询推荐结果的可能性达到最大。因此,抓住用户的查询主题意图,减少查询推荐的冗余是非常重要的。

查询推荐的冗余是指在查询推荐列表中包含描述意思极其相同的查询推荐。表6.1包含了来自AOL查询日志的一段查询内容[1]。在这个例子中,我们首先假设并不知道最后的查询结果(第6行的"sony"),并且它只是输入查询前缀"so"想要的一个查询推荐。基于查询频率的查询推荐模型,即MPC模型[2],将返回一个如第8行所示的查询推荐列表。但是在列表中,例如第 1、6 和 9 个的查询推荐:"south-west airlines"、"southwestairlines" 和"southwest airline"都被同时返回。很明显,这三个候选的查询意图相近,并且表达一个相同的查询主题,这可以通过考虑搜索引擎结果页(SERPs)中的重叠部分来确定。因此,我们可以认为后面的两个查询推荐"southwestairlines" 和"south-west airline",对于前缀"so"是冗余的。为了提高用户的搜索满意度,这两个搜索提示应该被删除,尤其是在搜索提示的数量被限制的情况下。这样,用户最后的提交的查询是"sony",因此移除冗余查询后,查询推荐方法的性能(通过 MMR 衡量得到)可以得到明显的提高。而且,如果最后的提交的搜索是"social security administration",MRR 指标值可以进一步提高,因为在查询推荐中处于"social security administra-tion"前面的更多冗余的候选项都会被删除。

表 6.1　AOL 数据库中前缀"so"经过 MPC[2] 得到最后的搜索结果"sony"

(五个搜索(1～5 行);10 个下拉提示的排序(7 行))

	SessionID	UserID	Query	Time
1	419	1020	compaq	20060315,14:18:42
2	419	1020	hewlit packed	20060315,14:26:58
3	419	1020	toshiba	20060315,14:32:31
4	419	1020	averatec	20060315,14:35:39
5	419	1020	sony	20060315,14:38:15
6	关于前缀"so"的查询推荐列表			
7	southwest airlines;southwest;song lyrics;social security; sopranos;southwestairlines;sony;sofia laiti; southwest airlines;social security administration			

在查询推荐的列表中,冗余的推荐被删除,就可以增加其他的查询推荐,从而提高满足用户查询需求的可能性。因此,考虑多样化查询推荐问题(diversifying query auto completion,D-QAC),其目的是返回正确的搜索,并且减少查询推荐中的冗余。我们提出一系列基于贪婪算

法 的 查 询 推 荐 模 型，如 GQS_{MPC+AQ}、GQS_{MSR+AQ}、GQS_{MPC+LQ} 和 GQS_{MSR+LQ}，分别对应 GQS 模型首先选择最流行的查询推荐，并用当前会话中所有的之前查询作为搜索上下文；GQS 模型首先选择最语义相似的查询推荐，并用当前会话中所有的之前查询作为搜索上下文；GQS 模型首先选择最流行的搜索提示，只选择当前会话中最后一个查询作为搜索的上下文；GQS 模型首先选择语义最相似的查询推荐，只选择当前会话中最后一个查询作为搜索的上下文。我们通过查询对应的点击 URLs 内容分类，确定查询的主题。在查询主题分类时，我们采用 ODP 分类法①，它是一种具有主题层次结构的 URL 主题分类方法。

在实际应用中，我们的模型面临着两个主要难点。

① 查询"冷启动问题"。在测试阶段，对查询候选项进行排序时，我们并不能完全知道所有在训练阶段中候选查询的主题分布。

② 数据稀疏问题，即关于每一个查询我们只知道有限的信息，某些查询可能无法通过 ODP 获得其主题分布。对于查询"冷启动问题"，我们提出一个解决办法，即未标记的查询主题等同于训练阶段被 ODP 标记的与其语义最相关的查询主题。对于稀疏问题，我们采用贝叶斯概率矩阵分解的方法来推导查询推荐在所有主题上的分布。

本章主要研究以下几个问题。

RQ12　在查询推荐排序及多样化方面，我们提出的贪婪查询选择模型是否高于传统的多样化查询推荐基准方法？

RQ13　在查询推荐推荐列表中，查询推荐列表中第一个查询项的选择如何影响我们的多样化查询推荐的性能？

RQ14　贪婪查询选择模型中查询上下文的选择，即选择当前会话所有的之前的查询内容或者只选择最后一个查询内容，对于多样化查询推荐的影响是什么？

---

① http://www.dmoz.org.

RQ15 用并排比较法（side-by-side）评估该模型时，查询推荐模型相关的 D-QAC 效果如何？

RQ16 该模型灵敏性如何？具体来讲，就是返回的查询推荐的数量，也就是折中值 N，在 BPMF 中潜在特征的数量 k_f，以及控制查询频率和查询上下文的均衡值 λ，这些因素对贪婪查询选择模型的影响如何？

我们通过改变选择第一个查询推荐的策略（即基于频率或者语义相关性），以及改变收集查询上下文内容（即当前会话中所有提交的查询或者只是最后提交的那个查询）来推断查询意图的方式研究上述问题。我们的贪婪查询选择模型实验表明，在两个大规模的实际查询日志数据集上，在查询推荐和多样化方面的一些指标上，我们的方法超越了最新型的基准方法。并且，我们采用并排比较的方法观察查询推荐模型结果的性能。

我们的主要贡献总结如下。

① 首次提出多样化查询推荐的问题 D-QAC，即在查询推荐列表中尽快返回用户的查询意图，同时减少查询推荐列表中的冗余。据我们所知，当前并没有关于 D-QAC 的研究。

② 提出用于解决 D-QAC 问题的贪婪选择算法，从当前的查询及上下文环境捕获查询信息。

③ 研究了查询冷启动问题，即在训练集中关于该查询没有任何查询主题方面的信息。我们用训练集中信息已经发现的语义相关查询来标记这些未知的查询。

④ 分析了贪婪查询选择模型的有效性，发现无论在查询推荐的准确性和多样性方面，该模型明显优于传统的基准方法。具体而言，对于当前最好的查询推荐方法，贪婪查询选择模型的查询推荐准确性方面 MRR 指标实现 2.3% 的提高，在查询推荐多样性方面，α-nDGG 指标实现了 5.6% 的提高。

本章的其他部分安排如下。6.1 节描述 D-QAC 的问题及我们提出的解决方法。6.2 节介绍实验设计。6.3 节展示实验结果。6.4 节进行总结,并且提出未来的研究方向。

6.1 方 法 描 述

6.1.1 节正式引出 D-QAC 中的问题描述。6.1.2 节介绍适用于 D-QAC 的贪婪选择模型。6.1.3 节介绍查询在不同主题上的分布。

6.1.1 D-QAC 问题

介绍我们的 D-QAC 方法之前,先在表 6.2 中给出的本章主要用到的符号。因为搜索引擎只能返回给用户最前面 N 个查询推荐,D-QAC 的目标是实现用户在这 N 个查询推荐中找到至少一个有用的查询的概率最大化。

表 6.2 本章主要符号

符号	解释说明
T	查询的数量
q_t	指每一个查询,其中 $t=1,2,\cdots,T$
P	最后一个查询 q_T 的前缀
R_R	对于前缀 p 得到的查询列表
R_I	对于前缀 p 得到的最开始的查询推荐排序
k_I	R_I 中查询的数量
a	主题
$q(i)$	查询 q 与第 i 个主题相关性的概率
C_S	查询上下文环境
q_c	查询推荐列表中的查询候选项
λ	当前查询及上下文环境达到的折中
$f(q)$	查询 q 的频率
θ	衰减因子

符号	解释说明
q_s	在 R_R 中选择的查询
w_t	时间间隔中的标准化衰变
$\mathrm{TD}(q_t)$	在 q_T 和 q_t 中的时间间隔
N	返回给用户的查询的数量
Q	特殊查询集
Q_L	被标记的查询集，是 Q 的子集
A	特殊主题
N_q	特殊查询的数量，即 Q 中的数量
M_a	特殊主题的数量，即 A 中的数量
k_f	BPMF 中潜在特征的数量

假设下列条件已知。

① 包含 T 个查询 $\{q_1,q_2,\cdots,q_T\}$ 的会话中最后一个查询 q_T 的前缀 p。

② 对于前缀 p 生成的初始的查询推荐列表 R_I，并且列表长度为 $|R_I|=k_I$。

③ 给定包含查询 q_T 之前的查询 $\{q_1,q_2,\cdots,q_{T-1}\}$ 的搜索上下文 C_S，查询主题 a 与前缀 p 的相关性的概率为 $|P(\mathrm{Rel}|a,p,C_S)|$。

④ 满意值为 $P_s(\mathrm{Rel}|q_c,p,a,C_S)$，即在给定的查询上下文 C_S 中，查询推荐 q_c 与查询主题 a 匹配的概率。

首先，我们简化 D-QAC 问题的目标，主要是满足用户需求的数量，即在返回的查询推荐列表 N 中至少有一个是用户满意的查询推荐。给定查询上下文 $C_S,R_R\subseteq R_I,|R_R|=N,N\leqslant k_I$，该目标可以实现将下列公式最大化，即

$$P(R_R\mid p,C_S)=P(\mathrm{Rel}\mid p,C_S)(1-\prod_{q_c\in R_R}(1-P_s(\mathrm{Rel}\mid q_c,p,C_S)))$$

$$(6.1)$$

下面对这个最优化目标进行解释。$P_s(\mathrm{Rel}\mid q_c,p,C_S)$ 可以被表示为

在给定的查询上下文 C_S 后，用户输入前缀 p 后，查询推荐 q_c 与查询主题 a 匹配的概率，那么 $(1-\prod\limits_{q_c\in R_R}(1-P_s(\mathrm{Rel}\mid q_c,p,C_S)))$ 指查询推荐 q_c 不满足用户需求的概率。因此，所有的查询推荐不满足用户的概率与查询独立性假设相等。1 减去上面的连乘的结果就是至少有一个满足用户查询推荐的概率。最后，$P(R_R\mid p,C_S)$ 表示查询推荐满意一般用户的概率。然后，我们将式（6.1）中的目标表示为查询主题上的公式，即

$$P(R_R\mid p,C_S)=\sum_a P(\mathrm{Rel}\mid a,p,C_S)(1-\prod_{q_c\in R_R}(1-P_s(\mathrm{Rel}\mid q_c,p,a,C_S)))$$

$$(6.2)$$

其中，a 是一个给定的主题，对所有主题的 $P(\mathrm{Rel}\mid a,p,C_S)$ 权重求和表示为查询推荐集满足一般用户输入查询前缀 p 的概率。

　　这种 D-QAC 框架能够实现多样化的查询推荐，消除查询推荐列表中的冗余。它是通过贪婪算法从 $R_I\backslash R_R$ 到 R_R 选择查询推荐。在每一步，它选择与之前选择的查询 R_R 最不同，同时也与查询主题相关的查询推荐。可以通过以下准则迭代，每次增加 $q^*\in R_I\backslash R_R$ 到 R_R，直到 $|R_R|=N$，即

$$q^*\leftarrow\underset{q_c\in R_I\backslash R_R}{\mathrm{argmax}}\sum_a P(\mathrm{Rel}\mid q_c,p,a,C_S)\prod_{q_a\in R_R}(1-P(\mathrm{Rel}\mid a,p,q_S,C_S))$$

$$(6.3)$$

其中，$P(\mathrm{Rel}\mid q_c,p,a,C_S)$ 表示给定上下文 C_S 和前缀 p；候选项 q_c 满足查询主题 a 的概率；$P(\mathrm{Rel}\mid a,p,q_s,C_S)$ 表示给定上下文 C_S，对于前缀 p 的查询 q_S 满足查询主题 a 的条件概率。因此，用

$$\prod_{q_S\in R_R}(1-P(\mathrm{Rel}\mid a,p,q_S,C_S))$$

表示先前所有选择的查询 $q_S\in R_R$ 不满足用户查询需求的概率。上面两项的乘积，即

$$P(\mathrm{Rel}\mid q_c,p,a,C_S)\prod_{q_S\in R_R}(1-P(\mathrm{Rel}\mid a,p,q_S,C_S))$$

表示 R_R 中所选择的查询不满足查询主题 a,但是最后的查询 q_c 满足查询信息 a 的概率。最后,在查询推荐列表 R_R 中加入最有可能满足查询主题的查询推荐 $q_c \in R_I \backslash R_R$。

6.1.2 D-QAC 中的贪婪查询选择

我们提出贪婪查询选择模型来处理 D-QAC 问题。在此模型中,假设式(6.3)中的概率,查询候选项 q_c 满足查询主题的概率 $P(\text{Rel} \mid q_c, p, a, C_S)$ 可以基于当前的查询频率获得和基于与当前会话中之前的搜索上下文的近似程度获得,并且两者之间存在一个均衡 $\lambda (0 \leqslant \lambda \leqslant 1)$。因此,有

$$
\begin{aligned}
P(\text{Rel} \mid q_c, p, a, C_S) &= \lambda P(q_c \mid p) + (1-\lambda) P(\text{Rel} \mid q_c, a, C_S) \\
&= \lambda P(q_c \mid p) + (1-\lambda) P(\text{Rel} \mid q_c, a, q_1, q_2, \cdots, q_{T-1}) \\
&= \lambda P(q_c \mid p) + (1-\lambda) \prod_{q_t \in C_S} P(\text{Rel} \mid q_c, a, q_t) \quad (6.4)
\end{aligned}
$$

其中,通过搜索频率 $P(q_c \mid p)$ 可以解释查询意图,可以由最大似然估算出来,即

$$
P(q_c \mid p) = \frac{f(q_c)}{\sum_{q \in R_I} f(q)} \quad (6.5)
$$

其中,$f(q)$ 表示查询 $q \in R_I$ 的查询频率。

在将这两种概率结合之前,首先将他们归一化处理。很明显,当 $\lambda = 1$ 时,查询主题由当前查询频率控制;当 $\lambda = 0$ 时,查询主题由查询上下文控制。给定一个查询主题 a,式(6.4)中的 $P(\text{Rel} \mid q_c, a, q_t)$ 概率可以通过 q_c 和 q_p 之间的标准距离来简单估算,即

$$
P(\text{Rel} \mid q_c, a, q_t) = \omega_t \times \left[1 - \frac{|q_c(a) - q_t(a)|}{\text{dis}(q_c, q_t)} \right] \quad (6.6)
$$

其中,$\text{dis}(q_c, q_t)$ 返回与 q_c 和 q_t 之间的 2 范数距离;ω_t 是 q_t 和 q_c 之间的时间间隔带来的标准化衰退因子,并且满足 $\sum \omega_t = 1$,因为我们认为时

间上相近的两个查询应该有相似的查询意图。

实际上,其他相似性函数也同样适用,如余弦相似性。然而,在计算与特定主题的距离时,我们需要在这个特定的主题维度上将分数值标准化。不同的相似性函数导致不同的相似性结果。需要注意的是,在我们的模型中,所有的查询用向量表示,并且向量中的每一个元素表示查询推荐与某个查询主题 a 的相关性。具体来讲,$q_c(i)$ 表示查询 q_c 与第 i 个主题相关性的概率。我们通过 $\omega_t \leftarrow \mathrm{norm}(\theta^{\mathrm{TD}(q_t)-1})$ 来计算 ω_t,其中 θ 指延迟因子,$\mathrm{TD}(q_t)$ 表示时间间隔(对于最后一个查询 q_{T-1} 来说,$\mathrm{TD}(q_t)=1$)。例如,q_c 和 q_t 可以表示为贝叶斯概率矩阵分解得到的在不同主题上的概率分布。因此,这些概率可以在查询推荐排序之前计算。

然后,式(6.3)中的概率 $P(\mathrm{Rel}|a,p,q_S,C_S)$ 表示选择的查询推荐 $q_S \in R_R$ 满足查询主题的程度,可以在查询日志中得到。我们将式(6.3)中的 $P(\mathrm{Rel}|a,p,q_S,C_S)$ 简化为

$$P(\mathrm{Rel}|a,p,q_s,C_S)=P(\mathrm{Rel}|a,q_S,C_S) \tag{6.7}$$

这表明查询候选项与查询主题匹配的概率是由查询候选项与之前查询推荐的相关性决定。基于上述查询独立性假设,我们有

$$P(\mathrm{Rel}\mid a,p,q_s,C_S) = P(\mathrm{Rel}\mid a,q_S,C_S) \propto \prod_{q_t \in C_S} P(\mathrm{Rel}\mid q_s,a,q_t)$$

$$\tag{6.8}$$

其中,$P(\mathrm{Rel}|q_s,a,q_t)$ 可以通过式(6.4)推导 $P(\mathrm{Rel}|q_c,a,q_t)$ 的方式得到。

这样,我们可以逐渐在列表 R_R 中添加查询候选项直到达到列表的长度 $|R_R|$。查询选择算法的细节可参见算法 5。首先,计算查询候选项与上下文的语义相似性(第 3 行),将最相似的查询放到查询列表 R_R 中,如算法 5 的第 6 行所示。然后,通过计算剩余候选项 R_I 与查询主题的距离,以及与 R_I 中已选择查询的多样化程度,给出 R_I 中剩余候选项

的得分(第 10 行)。最后,在 12 行和 13 行给出最佳的候选项。我们采取迭代的方法从剩余列表中每次选择一个候选项,直到 $R_R = N$。

很明显,正如算法 5 所示,我们首先应该初始化 R_R,有两种选择。第一种选择是,$R_R \leftarrow q^*$,q^* 是 R_I 中最受欢迎的查询。我们用 GQS_{MPC} 来表示模型中的变量。另一种选择是,初始化 R_R 为上下文环境中与先前查询最相似的,其中 q^* 可以通过 word2vec 直接得到。我们用 GQS_{MSR} 表示模型中最相似的查询变量。

为了得到模型中使用的概率,例如式(6.4)中的 $P(\mathrm{Rel} \mid q_c, a, q_t)$,式(6.8)中的 $P(\mathrm{Rel} \mid q_S, a, q_t)$,我们应该知道查询在所有主题上的分布(可以通过 BPMF 算法得到),从而克服查询和主题之间关系的稀疏问题,这在 6.1.3 节可以看到。然而,BPMF 至少需要知道查询的关于一个主题的信息,但是对于某些查询,我们可能并不知道其任何查询主题的信息。为了解决这个问题,我们使用算法 6 中提出的方法即可找到与未被标记的查询语义最相似的查询。

Algorithm 5 GQS for D-QAC

Input：　Prefix p, an initial QAC list R_I, size of returned QAC list：N, search context C_S

Output：A reranked QAC list R_R；

1：$R_R = \phi$

2：**for** each candidate $q_c \in R_I$ **do**

3：　FirstQuery$(q_c) \leftarrow$ Similarity(q_c, C_S)；　%%% Alternatively, MPC(q_c)

4：**end for**

5：$q^* \leftarrow$ argmax $q_c \in R_I$ FirstQuery(q_c)

6：$R_R \leftarrow R_R \cup \{q^*\}$

7：$R_I \leftarrow R_I \backslash \{q^*\}$

8：**for** $|R_R| \leqslant N$ **do**

9：　**for** $q_c \in R_I$ **do**

10:　$s(q_c) \leftarrow \sum_i P(\text{Rel} \mid q_c, p, a, C_S) \prod_{q_s \in R_R}(1 - P(\text{Rel} \mid a, p, q_s, C_S))$

11:　**end for**

12:　$q^* \leftarrow \arg\max_{q_c} s(q_c)$

13:　$R_R \leftarrow R_R \bigcup \{q^*\}$

14:　$R_I \leftarrow R_I \setminus \{q^*\}$

15:　**end for**

16:　**Return** R_R

Algorithm 6 Dealing with query cold-start problem

Input：An unlabelled query q；

　　a set of labelled queries Q_L with their labels L

Output：Labels of q：$l(q)$；

1:　**for** each query $q_l \in Q_L$ **do**

2:　　$\text{score}(q_l) = \cos(q, q_l)$

3:　**end for**

4:　$q_o \leftarrow \arg\max_{q_l \in Q_L} \text{score}(q_l)$

5:　$l(q) \leftarrow l(q_o) \in L$

6:　**Return** $l(q)$ to q

6.1.3　查询内容在各个主题上的分布

本节将讨论如何产生查询在各个主题上的概率分布。我们用贝叶斯概率矩阵分解（Bayesian probabilistic matrix factorization，BPMF）解决使用 ODP 带来的查询和主题之间直接关系的稀疏问题。在介绍贝叶斯概率矩阵分解方法前，我们提出查询"冷启动问题"，即在训练阶段，使用 ODP 分类方法，无法知道查询在任何主题上的信息。我们找到和该查询语义上最相似的查询，根据它的标签来给该查询分配主题标签。因为语义上相近的查询往往具有相同的查询主题，这个方法已经被用来提高搜索引擎的检索质量了[3,4]。

具体来说，给定一个没有标签的查询 q，一系列有标签的查询 Q_L，

我们可以为查询 q 返回一个带标签的查询 $q_0 \in Q_L$，即

$$q_0 \leftarrow \underset{q_l \in Q_L}{\operatorname{argmax}} \cos(q, q_l) = \underset{q_l \in Q_L}{\operatorname{argmax}} \frac{1}{W} \sum_{w_k \in q} \sum_{w_j \in q_l} \cos(w_k, w_j) \quad (6.9)$$

我们可以计算两个查询字之间的余弦相似度，进而计算两个集合里面词向量的平均余弦相似度。

词向量可以通过 word2vec 对查询日志的学习来得到[5,6]。具体的细节可见算法 6。在第 2 行，我们通过计算已标记的查询和未标记的查询之间的余弦相似度给 Q_L 中已标记的查询打分。在第 4 行，选取最相似的查询。在第 5 行，我们将第四行选出的查询的主题标签赋给输入的查询。通过算法 6，数据集中所有的查询都可以被 ODP 方法分类好。这样，BPMF 就可以得到在所有主题上查询主题分布的情况。因此，可以计算算法 5 中用到的概率，从而重排查询推荐。但是，查询一般都很短，例如 AOL 和 MSN 查询日志中的大部分查询都没有超过三个词的，如图 6.2(b) 所示。因此，用点击过的文档信息来区分查询的主题比用查询本身要更有意义一些。这种方法在搜索结果多样化领域经常被使用。我们用 ODP 方法建立了一个大型的查询主题矩阵 $QC_{N_q \times M_a}$，其中 N_q 表示不同的查询，M_a 表示不同的主题。

在 TREC 的多样化任务中，由人们来产生正确的数据集，包括相关性和主题。在多样化查询推荐的设置中，首先训练我们的模型。通过提出一个新的方法来推测一个查询与多个主题的相关性。这个方法使用来自 ODP 的主题信息和日志中点击数据的信息。点击数据的信息是由真实的搜索者的查询行为产生的。这种信息已经被证实对于标记一个文档和查询之间的相关性有一定的效果。具体来说，我们的方法包括两步。第一步包括提取搜索日志中的点击数据。这样，我们就可以得到对于每一个查询的所有点击的 URL 列表。第二步包括用 ODP 方法来分类这些 URL。这样就可以通过从点击过的 URL 中整合出的所有的主题，进而推测出一个查询的主题。下面我们进一步细化。

定义 6.1.1（多主题相关性）　给定一个查询和一个主题集合,包括 m 个相关的主题,例如一个主题相关性的标签和其他主题相关性的标签是相互独立的。一个查询的多主题相关性是一个 m 维的向量,每一个条目表示这个主题和给定查询的相关性标签。因此,多主题相关性的每一条目表示一个主题相关性标签。相关性标签可以对应一个数值 $n_e(q, \mathrm{url}, a)$,即

$$n_e(q, \mathrm{url}, a) = \sum_{\mathrm{url} \in U(q)} J(\mathrm{url}, a) \times f(q, \mathrm{url}) \qquad (6.10)$$

其中,$U(q)$ 包含一个查询 q 所有点击过的 URL 集合;$J(\mathrm{url}, a) = 1$ 表示点击过的 url 属于主题 a,反之 $J(\mathrm{url}, a) = 0$;$f(q, \mathrm{url})$ 表示提交查询 q 以后,点击 url 的次数。

我们用 ODP 方法实现对点击的 URL 的分类。在计算操作中,我们划分了五个层次的主题相关性,通过 $n_e(q, d, a) \leftarrow \min(n_e(q, d, a), 4)$ 来获得,即为 4,3,2,1,0 五个层次,分别对应 {完美,很好,好,一般,差}。在检查标签(图 6.1(a))和主题(图 6.1(b))的分布时,我们发现相关性标签,如 2,3,4,占据大部分的非零标签。如此,我们就可以得到查询和主题相关性的正确结果。

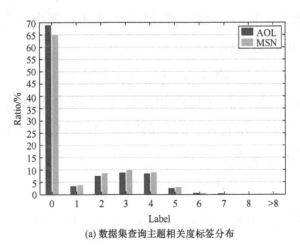

(a) 数据集查询主题相关度标签分布

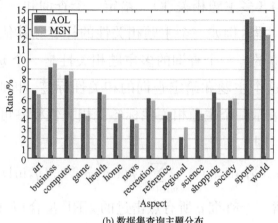

(b) 数据集查询主题分布

图 6.1   数据集相关度标签和主题分布

为计算 6.1.2 节提到的概率,如式(6.4)中的 $P(q_c \mid p,a,C_S)$、式(6.7)中的 $P(a \mid p,q_s,C_S)$,我们应该替换掉初始查询-主题矩阵 $\mathrm{QC}_{N_q \times M_a}$ 中的 0 项,这些 0 项表示在训练阶段,通过 ODP 方法推测出查询 q 与主题 a 之间没有直接关系。通过贝叶斯概率矩阵分解(BPMF)[7,8]来得到查询在主题上的分布情况。BPMF 可以直接应用在查询-主题矩阵 $\mathrm{QC}_{N_q \times M_a}$ 上,返回一个近似矩阵,给原来的矩阵中每一条目都加上一个非 0 值,从而解决原矩阵稀疏和零概率问题。因此,原始矩阵 $\mathrm{QC}_{N_q \times M_a}$ 可以近似化为

$$\mathrm{QC}^*_{\mathrm{approx}} = Q^*_{N_q \times k_f} \times C^{*\,\mathrm{T}}_{M_a \times k_f} \tag{6.11}$$

其中,$Q^*_{N_q \times k_f}$ 表示查询潜在特征矩阵;$C^*_{M_a \times k_f}$ 表示主题潜在特征矩阵;N_q、M_a 和 k_f 分别表示查询、主题和特征的数量;$\mathrm{QC}^*_{\mathrm{approx}}(i,j)$ 通过边缘化模型参数和超参数来计算,即

$$p(\mathrm{QC}^*_{\mathrm{approx}}(i,j) \mid \mathrm{QC}_{N_q \times M_a}, \Theta_0)$$

$$= \iint p(\mathrm{QC}^*_{\mathrm{approx}}(i,j) \mid Q_i, C_j)\, p(\mathrm{QC}^*_{\mathrm{approx}}(i,j) \mid \mathrm{QC}_{N_q \times M_a}, \Theta_Q, \Theta_C)$$

$$\cdot\, p(\Theta_Q, \Theta_C \mid \Theta_0)\, \mathrm{d}\{Q,C\}\, \mathrm{d}\{\Theta_Q, \Theta_C\} \tag{6.12}$$

其中,$\Theta_Q = \{\mu_Q, \Sigma_Q\}$ 表示查询集合 Q 中的超参;$\Theta_C = \{\mu_C, \Sigma_C\}$ 表示主题

集合 A；查询和主题的特征向量的先验分布假设是高斯分布，$\Theta_0=\{\mu_0,\Sigma_0,W_0\}$ 是一个威沙特分布，超参是 $\Sigma_0\times\Sigma_0$ 大小的矩阵 W_0。

　　这种近似背后的假设是，一个查询和一个主题的相关性是由少量的难以察觉的超参决定的。这就意味着，使用贝叶斯方法来处理这种预测问题就包括需要整合模型中的超参。除此之外，使用马尔可夫链蒙特卡罗理论（MCMC）[9]计算近似相关性，是根据寻找模型超参的唯一点估计，而不是推测剩下的所有分布。这样可以在预测的准确度上有很大的提高[7,8]。

　　BPMF 介绍了超参的优越性，它可以基于训练数据来控制模型的复杂度[8]。当前者是高斯时，超参可以通过执行一个 EM 步骤进行更新[10]，这个步骤只会随着观察结果的数量线性的扩展，不会对训练模型的时间有什么影响。具体的，关于 BPMF 的细节可见文献[7]。由 BPMF 方法产生的矩阵 QC^*_{approx} 存在一些无效值，因此我们规范化 QC^*_{approx} 来保证 $QC^*_{approx}(i,j)\in(0,1)$。规范化以后，查询在主题上的分布就可以得到了。

6.2　实　验　设　计

　　6.2.1 节对 D-QAC 模型进行概述。6.2.2 节介绍数据集。6.2.3 节介绍对比实验的设计。6.2.4 详细介绍我们的实验设置和参数设置。

6.2.1　模型简介

　　我们在表 6.3 中列出了所有讨论的模型。有三种最先进的基准方法和四种本章提出的方法，即贪婪查询选择（算法 5），主要基于两种上下文选择策略不同（AQ 表示所有之前的查询，LQ 表示只有最后一个查询）和两种起始查询选择策略不同（MPC 表示最受欢迎、频率最高的查询，MSR 表示语义上最相关的查询）。

表 6.3　**An overview of models discussed in the chapter**

Model	Description	Source
QD-MPC	A QAC ranking approach, which ranks query completions according to their current popularity colle cted from the query logs.	(Bar-Yossef and Kraus, 2011)
QD-CON	A context-based query ranking approach, which reranks query completions(returned by MPC)by a hybrid score considering the query popularity and the similarity to search context in current session.	(Bar-Yossef and Kraus, 2011)
QD-QCR	A diversification-oriented query ranking approach, which reranks query completions(returned by MPC)by selecting queries from distinct query clusters.	(He et al. , 2011)
QD-MMR	A diversification-oriented query ranking approach, which ranks query completions according to both their popularity and the dissimilarity between a query candidate to be selected and those previously selected.	(Carbonell and Goldstein, 1998)
GQS_{MPC+AQ}	Greedy query selection approach starting with the most popular query and taking all preceding queries in session as context.	This chapter
GQS_{MPC+LQ}	Greedy query selection approach starting with the most popular query and taking thelast preceding query in session as context.	This chapter
GQS_{MSR+AQ}	Greedy query selection approach starting with the most semantically related query tothe preceding queries in session and taking all preceding queries as context.	This chapter
GQS_{MSR+LQ}	Greedy query selection approach starting with the most semantically related query tothe preceding queries in session and taking the last preceding query in session as context.	This chapter

我们考虑下面几种查询推荐基准方法。

① 基于查询频率的查询推荐方法(QD-MPC)。它是基于查询在查询日志中出现的频率对查询推荐的候选集进行排序的。

② 基于查询上下文的查询推荐方法(QD-CON)。它是通过计算一个由查询频率和查询与上下文之间相似度决定的混合分数值,来对查询推荐的候选集进行重新的排序。

③ 基于查询聚类的旨在实现查询推荐多样化的方法(QD-

QCR)[11]。根据不同的聚类来选择 MPC 方法要返回的查询推荐列表。我们采用 K-means 聚类算法,聚类的个数固定为 5,因为在评估实验结果时,至少需要返回 5 个查询推荐结果。

④ 基于 MMR 的查询推荐方法(QD-MMR)[12]。这种方法同时考虑查询推荐候选项的频率和他们与之前查询的差异这两个因素,并设置他们的权重为 0.5。与之前查询的差异可以根据式(6.13)得到,即

$$\text{dissim}(q_c, R_R) \leftarrow \frac{1}{|R_R|} \sum_{q \in R_R} (1 - \cos(q, q_c)) \tag{6.13}$$

其中,q_c 是一个候选的查询推荐;q 是已经被选在查询集合 R_R 中的查询。

两个查询都是由贝叶斯概率矩阵分解得到的向量表示的。

6.2.2　数据集

我们使用数据集 AOL 和 MSN。这里使用的数据集和第 5 章使用数据集的一个主要的区别就是:第 5 章设置的前缀是在所有查询最前面的 1~5 个字母,这里把前缀设置为最后一个查询的前 1~5 个字母。为了得到训练/测试集,我们拿掉了那些真实结果不包括在由 MPC 方法返回的前 20 个查询推荐里的输入前缀,从而保证候选集里包含所有最后提交的查询,符合查询推荐实验设计的常用方法[2,13-23]。我们拿掉了训练集中不能被 ODP 方法分类的最终提交的查询,因为无法推测这些查询是真正主题,因此就不可能找到正确的结果集。

表 6.4 详细介绍了我们使用的数据集的数据。AOL 中超过一半(64.9%)的查询都可以被 ODP 分类。MSN 的更多,有 66.2%。在 AOL 日志中,如果用户点击了查询的一个搜索结果,只有这个点击结果的 URL 的域名部分会被加入列表。但是,如果是 MSN 的话,整个 URL 都会被记录。为了保证和 AOL 日志的一致性,当需要通过点击过的数据来推测查询主题时,我们仅保留 MSN 中点击过的 URL 的域

名部分。值得注意的是,较 AOL 日志中一段时间的平均查询数量而言 (3.3),MSN 用户提交了更多的查询(5.5)。

表 6.4　AOL 和 MSN 数据集(MPC 方法返回前 20 个查询推荐时,数据集中不同长度的前缀的数量,如 $k_1=20$,"♯Prefix-n"中的 n 就表示前缀中含有的字母个数)

Variables	AOL		MSN	
	Training	Test	Training	Test
♯ Queries	3;808;083	1;571;346	3;784;925	1;402;308
♯ Unique queries	452;980	452;980	304;943	304;943
♯ Labelled Uniq Qs	294;363	294;363	201;872	201;872
♯ Unlabelled Uniq Qs	158;617	158;617	103;071	103;071
♯ Sessions	1;149;528	465;302	674;717	256;512
♯ Queries/session	3;31	3;38	5;60	5;46
♯ All prefixes	3;109;247	1;146;768	2;013;671	697;870
♯ Prefix-1	262;924	90;688	196;831	65;179
♯ Prefix-2	458;999	162;007	319;362	105;082
♯ Prefix-3	698;716	251;623	455;109	154;020
♯ Prefix-4	826;984	309;522	517;570	182;502
♯ Prefix-5	861;624	332;928	524;799	191;087

　　进一步探索这两个数据集中不同长度的查询所占的比例,如图 6.2 所示。在图 6.2(a)中,对于这两个数据集来说,在将近一半的周期里都只有两个查询。小于 4 个查询的周期占了大部分(AOL 中占 77.3%,MSN 中占 81.2%)。超过 6 个查询的周期占了很小的比例(AOL 中占 6.5%,MSN 中占 3.5%)。图 6.2(b)显示了查询中词的长度,超过 90% 的查询里的词都超过 3 个,这样想要直接从查询内容来推测查询主题具有一定的挑战。

6.2.3　对比实验

　　除了标准的对比实验,我们用另外一种方法来衡量查询推荐列表的多样性。借鉴以前研究[23-27],给定一个前缀,对于两组查询推荐列表

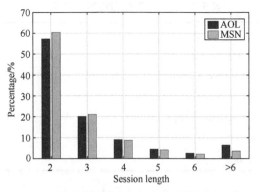

(a) 在AOL和MSN数据集中含有不同查询数量的查询会话比例

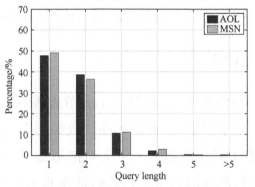

(b) 在AOL和MSN数据集中不同长度的查询所占的比例

图 6.2　AOL 和 MSN 数据集中查询周期长度的分布和查询长度的分布

用户的判断情况,并且询问用户哪一组更加多样化一些。我们邀请了
50 名计算机科学领域的硕士生来参加这个对比实验。每个参与者给了
50 个测试前缀的实例。对于每一个测试前缀,有 5 个查询推荐列表是由
查询推荐模型返回的,分别为基准方法列表,GQS_{MPC+AQ}、GQS_{MPC+LQ}、
GQS_{MSR+AQ}、GQS_{MSR+LQ} 模型产生的列表,由用户来判断两个列表之间
更加多样化,或者两个列表差不多,如 GQS_{MPC+LQ} 和基准方法,
GQS_{MPC+LQ} 和 GQS_{MPC+AQ},GQS_{MSR+LQ} 和基准方法,GQS_{MSR+LQ} 和
GQS_{MSR+AQ} 等。在评估的时候,可以使用搜索引擎帮助他们做决定。通
过这个方法,我们可以检测出人为判断的结果和对比理论实验得到的
结果的吻合度。表 6.5 给出了对比试验的一些数据统计分析总结。

表 6.5　对比实验的数据信息总结

Number of participants	50
Total number of prefixes assessed	2500
Number of prefixes assessed per prefix length(1, 2, 3, 4, 5)	500
Number QAC-candidates shown per prefix per model	10
Number of prefixes assessed per individual participant	50
Number of models compared	5
Number of pairs of QAC models judged	4

借鉴文献[23]的研究结果,我们用 agreement 参数来衡量由系统产生的查询推荐列表的排序和人为比较得到的排序的吻合度。

6.2.4　参数和实验设置

根据文献[27]的研究结果,设置 6.1.2 节中提到的延迟函数中衰退参数 $\theta=0.95$。我们先用 1/3 的原始测试数据作为验证集,来优化参数 λ,它可以控制查询频率和搜索上下文对推测查询主题的贡献程度。剩下 2/3 的数据用作最终的测试集。我们将在 6.3.5 节讨论 λ 值的对模型性能的影响。同样,在 6.1.3 节中,贝叶斯概率矩阵分解中用到的潜在特征数量设置为 $k_f=10$。然后,我们再验证当 k_f 值发生变化时,提出模型的性能变化,具体的细节在 6.3.5 节进行讨论。

为了给查询标记主题信息,我们采用多重关联标签方法,具体过程如下,我们首先得到一个包含训练阶段所有查询的点击过的 URL 列表。然后,把一个查询点击过的 URL 分成两个层次的 ODP 主题。最后,给定一个查询,我们根据它的点击过的 URL 可以整合出所有的主题,根据整合的 URL 主题信息给查询-主题对的相关性做标记。我们介绍一个例子。

例 6.2.1　给定一个查询 q,我们可以找到两个 URL(d_1 和 d_2),它们分别被点击的次数为 c_1 和 c_2。根据与每个 ODP 主题的关联,d_1 被标记上主题 a_1 和 a_2,d_2 被标记上主题 a_2 和 a_3。最后,给查询 q 分配主

题 $a_1 \sim a_3$，相关性可以用次数来估计，分别为 c_1、$c_1 + c_2$ 和 c_2。

在这个过程中，我们根据 ODP 数据集中的 15 个一级主题找到 513 个二级主题。这些主题都是很明显的，例如我们可以找到主题"/arts/ movies"、"/shopping/crafts"和"/business/financial_services"，主题"/ arts"、"/shopping"和"/business"是一级主题，主题"/movies"、"/crafts" 和"/financial_services"是相应的二级主题。

在以往的查询推荐研究中，可以假设给用户最多提供 $N = 10$ 个查询推荐。这个设置被大部分搜索引擎使用，而且很多文献[2,13,16,28]也有提及。在我们的实验中，可以首先获得由 MPC 方法返回的前 20 个查询推荐，然后根据每个模型的处理，对这初始的 20 个查询推荐重新排序，最后返回 10 个查询推荐用来对比评估。$N = 10$ 也是首次作为测试查询推荐多样性的一个阈值，我们同时也测试了当 $N = 5$ 或者 20 的结果。

在实践中，查询推荐方法也需要考虑效率。因此，算法需要有一个高效的数据结构，如哈希表，来支持更快的对输入前缀的查找。在测试之前，我们利用 MPC 方法在离线的情况下，对每一个前缀都生成一组初始的查询推荐列表。同时，用 BPMF 过程把每个查询向量化。对于多样化查询推荐任务来说，主要的时间都花费在计算查询相似度上，所有的这些处理过程都可以是离线完成的。

6.3 实验结果与分析

在 6.3.1 节，我们在 MRR 和 α-nDCG@10 方面检验了该模型在多样化查询推荐方面的性能。在 6.3.2 节，我们讨论在模型中初始查询列表选择第一个推荐查询时的性能差异。在 6.3.3 节，我们检验模型在不同的查询上下文环境，以及前缀长度情况下的性能差异。在 6.3.4 中，我们给出基于一种问卷调查形式的实验比较结果。最后，在 6.3.5 中详细介绍该模型中用到的参数的影响，并比较了不同设置下的模型性能变化。

6.3.1　GQS 的 D-QAC 性能

为了回答研究问题 R12,我们检验表 6.3 中所有模型的 D-QAC 性能,并且在表 6.6 中对 AOL 和 MSN 描述结果。表 6.6 通过 MPC 返回的在 AOL 和 MSN 上前 20 名的初始查询推荐,然后用表中给出的方法对查询推荐重新排序。实验结果是在阈值为 $N=10$ 时获得的。最好的基准方法用下划线表示,最佳的实验结果用粗体表示。成对的实验显著性差异(GQS 模型和最好的基准方法)的统计学意义由 t 检验法得到,▲/▼表示显著性水平$=0.01$,表示△/▽表示显著性水平$=0.05$。

表 6.6　AOL 和 MSN 描述结果

Dataset	Method	MRR	ERR-IA@10	α-nDCG@10	NRBP	MAP-IA
AOL	QD-MPC	0.5372	0.3765	0.6513	0.3487	0.2768
	QD-CON	0.5391	0.3782	0.6526	0.3488	0.2783
	QD-QCR	<u>0.5393</u>	<u>0.3791</u>	<u>0.6538</u>	<u>0.3491</u>	<u>0.2794</u>
	QD-MMR	0.5377	0.3783	0.6530	0.3490	0.2785
	GQS$_{MPC+AQ}$	0.5465	0.3872△	0.6681△	0.3598△	0.2864△
	GQS$_{MSR+AQ}$	0.5509△	0.3958▲	0.6799△	0.3632△	0.2885△
	GQS$_{MPC+LQ}$	0.5516△	0.3965▲	0.6852▲	0.3645▲	0.2898△
	GQS$_{MSR+LQ}$	**0.5520△**	**0.4007▲**	**0.6901▲**	**0.3679▲**	**0.2907▲**
MSN	QD-MPC	0.6158	0.4184	0.6562	0.3891	0.2546
	QD-CON	0.6173	0.4211	0.6674	0.4002	0.2613
	QD-QCR	<u>0.6191</u>	<u>0.4315</u>	<u>0.6810</u>	<u>0.4064</u>	<u>0.2698</u>
	QD-MMR	0.6134	0.4205	0.6658	0.3914	0.2602
	GQS$_{MPC+AQ}$	0.6285	0.4417△	0.6933	0.4138	0.2757△
	GQS$_{MSR+AQ}$	0.6301	0.4438△	0.6994△	0.4152△	0.2771△
	GQS$_{MPC+LQ}$	0.6307	0.4452△	0.7003△	0.4174△	0.2797△
	GQS$_{MSR+LQ}$	**0.6324△**	**0.4458△**	**0.7025△**	**0.4191△**	**0.2794△**

正如在表 6.6 中体现的,在查询推荐准确性指标 MRR 和查询推荐多样性指标(α-nDCG@10)方面,QD-QCR 在四个基准方法中都达到了

最佳性能。因此,无论是在 AOL,还是 MSN 日志中,我们都只采用 QD-QCR 作为后面实验中用于比较的基准方法。具体而言,对于这两个数据集的大多数测试,所有的基准方法都可以在查询推荐的前两名位置返回最终的查询,因为所有模型的 MRR 得分大于 0.5。此外,基准方法在 MRR 方面的得分彼此相近。特别是,在 AOL 数据集中,QD-QAR 与 QD-CON 在 MRR 方面得分相近,但是比 QD-MMR 和 QD-MPC 仅仅实现了很小的提升(小于 0.5%)。在 MRR 方面,QD-MMR 比 QD-MPC 的性能更佳,这表明在某些情况下,QD-MMR 能够通过基本的 MPC 方法去除查询推荐列表中的冗余。然而,QD-MMR 主要依赖查询的频率,并且在计算查询差异时不考虑上下文环境,因此 MRR 的提升幅度是有限的。相反,与 AOL 日志相比,在 MSN 日志中实现了 MRR 和多样性更好的表现。这可以归结于查询会话长度的差异。与 AOL 日志中的会话相比,MSN 日志中会话的平均长度更大一些,并且有一些重复性的查询,这有助于识别会话中的查询意图,可以使 MRR 和多样化查询的得分更高。

为了评估 GQS 模型的性能,我们将结果与选定的基准方法(QD-QCR)相比。在 AOL 数据集上,正如表 6.6 中体现的,与基准方法相比,我们的四个 GQS 模型在 MRR 和多样性方面性能更优。但是,模型的提升空间是有限的,在 MRR 方面,GQS_{MPC+AQ} 的得分相对较低,是 1.37%,GQS_{MSR+LQ} 的得分最高,提升了 3.62%。其中,GQS_{MPC+LQ} 的 MRR 提升了 2.28%,优于 GQS_{MSR+AQ} 的 2.15%。除了 GQS_{MPC+AQ},大部分模型性能的提高在显著性水平 $\alpha = 0.05$ 下是显著的。在多样性查询推荐方面,GQS 模型有着显著的改善。例如,以 $\alpha\text{-}n\mathrm{DCG}@10$ 指标来分析模型的性能。很明显,GQS_{MSR+LQ} 表现最好,在 AOL 日志上,相比基准方法有 5.55% 的提升。GQS_{MPC+LQ} 的得分比 GQS_{MSR+LQ} 少了 0.7%,但是仍然达到了 4.80% 的提升。更重要的是,GQS_{MPC+LQ} 和 GQS_{MSR+LQ} 的提升是显著性水平 $\alpha = 0.01$ 上是显著的。相反,在

α-nDCG@10 方面,GQS$_{MPC+AQ}$和GQS$_{MSR+AQ}$提高是平稳的,只在显著性水平 $\alpha=0.05$ 下是显著的。

与此相反,在 MSN 数据集的测试上,从表 6.6 中可以看到,GQS$_{MSR+LQ}$得分又是最高,但是与 AOL 日志效果相比,提升是比较平稳的。在 MRR 方面,GQS$_{MSR+LQ}$的提升是在显著性水平 $\alpha=0.05$ 下是显著的。这是因为由基准方法和我们模型产生的查询推荐性能较好,这给模型改善 MRR 性能留下了有限的空间。关于 MSN 日志中的多样化查询结果在表 6.6 的 3~6 列中给出,可以看出模型在四个方面的指标都优于基准方法,并且在四个多样性指标的提升都是在显著性水平 $\alpha=0.05$ 下是显著的。特别是,在 α-nDCG@10 方面,GQS$_{MSR+LQ}$实现了最大的提升,大约是 3.15%。与我们模型实现的 MRR 提升相比,在 α-nDCG@10 方面的提升更加明显。这表明,在一些情况下,查询推荐模型可以移除一些冗余查询,使得多样性查询得分提高。然而,在初始的查询推荐列表中,冗余的候选项可能比最后提交查询推荐的排名低,进而不会影响倒数排名得分,对于 MRR 得分的影响并不大。

综上,基于在 AOL 和 MSN 日志数据集上的实验结果,可以说明我们的贪婪查询选择方法的确可以去除初始查询推荐列表中的冗余查询,因此可以尽快返回用户最终提交的查询,并且使得返回的查询推荐结果覆盖更多的主题。在 6.3.2 节和 6.3.3 节中,我们将更加详细的对 GQS 模型比较分析。

6.3.2　初始查询推荐的选择对 GQS 模型性能的影响

下面研究问题 RQ13,在 AOL 和 MSN 数据集上,测试我们提出的 GQS 模型在选择不同初始查询推荐对模型性能的影响。例如,基于语义相似度的排序或者基于查询频率的排序。AOL 日志上产生的实验结果如表 6.6 所示。

首先,我们将当前会话中的最终提交查询之前的所有查询作为查询上下文信息,即 $C_s = \{q_1, q_2, \cdots, q_{T-1}\}$;然后,比较表 6.6 中 GQS_{MPC+AQ} 和 GQS_{MSR+AQ} 产生的结果,以检验 GQS 模型中第一个候选查询选择的对模型性能的影响。很明显,GQS_{MSR+AQ} 在 MRR 和多样性查询方面比 GQS_{MPC+AQ} 表现突出。因此,在某种程度上,我们的 GQS 模型以初始选择语义最相似的查询推荐时性能相比初始选择查询频率最高的查询推荐时更佳。在 AOL 数据集中,GQS_{MSR+AQ} 在 MRR 上相比 GQS_{MPC+AQ} 模型有接近 1% 的提升。在某些情况下,GQS_{MPC+AQ} 和 GQS_{MSR+AQ} 以相同的候选查询开始,即频率最高的查询推荐短语即为语义最相似的查询推荐短语。最后,这两个模型产生了大致相同的查询排序集。对于查询推荐的多样性,GQS_{MSR+AQ} 得到了超过 0.6 的 α-nDCG@10 得分,并且与 GQS_{MPC+AQ} 相比实现了近 2% 的提升。这表明,在查询主题层面,GQS_{MSR+AQ} 与 GQS_{MPC+AQ} 相比返回了包含更多主题的查询推荐。对比 GQS_{MSR+LQ} 和 GQS_{MPC+LQ},将会话中的最后一个查询作为查询上下文(即 $C_S \leftarrow q_{T-1}$)也得到了类似的结论。如表 6.6 所示,相比 GQS_{MSR+AQ} 和 GQS_{MPC+AQ} 之间的 MRR 差异,GQS_{MSR+LQ} 和 GQS_{MPC+LQ} 之间的 MRR 差异较小。在 α-nDCG@10 方面也有相同的现象。然而,GQS_{MPC+LQ} 和 GQS_{MSR+LQ} 都比 GQS_{MPC+AQ} 和 GQS_{MSR+AQ} 表现得好,这就启发我们考虑在 6.3.3 节的研究问题 RQ14,即查询上下文的选择对模型性能的影响。由此,对于 AOL 日志,我们可以得出如下结论,GQS 模型中第一个查询直接影响到查询推荐在 D-QAC 中的排序效果,并且以语义最相似的查询推荐作为初始查询推荐短语,GQS 模型能获得更好的多样化性能。

表 6.6 中 AOL 日志方面的结果是通过平均不同前缀长度的值得到的,取值为 1~5。然后,我们比较了模型在特定前缀长度下的效果。我们在表 6.7 中给出了 MRR 和 α-nDCG@10 方面的比较结果。大体来说,如表 6.7 所示,在 MRR 上,以语义最相关查询推荐开始的 GQS 模型,如 GQS_{MSR+AQ} 和 GQS_{MSR+LQ},比以最热门的查询推荐开始的

传统 GQS 模型，如 GQS$_{\text{MPC+AQ}}$ 和 GQS$_{\text{MPC+LQ}}$ 效果明显提高。有趣的是，当输入的查询前缀较长时，与基准方法相比，GQS 模型的改善更加明显。较长的前缀可以快速地减小候选查询推荐的数量，从而导致原始查询推荐集合中包含了较多的相似差候选词。这些相似的查询推荐会被 GQS 模型重新排至列表靠后位置，从而使得多样化性能提高明显。

表 6.7 是 AOL 日志中前缀长度从 1～5 的情况下，选择不同的初始候选查询和使用的查询上下文，GQS 模型在 MRR 和 $\alpha\text{-}n\text{DCG@}10$ 上的表现。粗体表示每行中最好的实验结果。通过 t 检验确定双边差异的统计显著性（GQS 模型和基准方法）。

表 6.7　GQS 模型在 MRR 和 $\alpha\text{-}n\text{DCG@}10$ 上的表现

Metric	#p	Baseline	GQS$_{\text{MPC+AQ}}$	GQS$_{\text{MSR+AQ}}$	GQS$_{\text{MPC+LQ}}$	GQS$_{\text{MSR+LQ}}$
	1	0.4673	0.4716	0.4738	0.4739	**0.4745**
	2	0.4861	0.4927	0.4946	0.4954	**0.4960$^{\triangle}$**
MRR	3	0.5140	0.5221	0.5253$^{\triangle}$	0.5258$^{\triangle}$	**0.5263$^{\triangle}$**
	4	0.5556	0.5620	0.5681$^{\triangle}$	0.5686$^{\triangle}$	**0.5689$^{\triangle}$**
	5	0.5889	0.5975	0.6030$^{\triangle}$	0.6039$^{\triangle}$	**0.6045$^{\triangle}$**
	1	0.6012	0.6117	0.6235$^{\triangle}$	0.6272$^{\blacktriangle}$	**0.6315$^{\blacktriangle}$**
	2	0.6270	0.6393	0.6496$^{\triangle}$	0.6551$^{\blacktriangle}$	**0.6592$^{\blacktriangle}$**
$\alpha\text{-}n\text{DCG@}10$	3	0.6357	0.6490$^{\triangle}$	0.6605$^{\triangle}$	0.6658$^{\blacktriangle}$	**0.6713$^{\blacktriangle}$**
	4	0.6611	0.6758$^{\triangle}$	0.6883$^{\blacktriangle}$	0.6944$^{\blacktriangle}$	**0.6984$^{\blacktriangle}$**
	5	0.6882	0.7051$^{\triangle}$	0.7171$^{\blacktriangle}$	0.7220$^{\blacktriangle}$	**0.7276$^{\blacktriangle}$**

然而，GQS$_{\text{MSR+AQ}}$ 模型比 GQS$_{\text{MPC+AQ}}$ 模型，以及 GQS$_{\text{MSR+LQ}}$ 模型比 GQS$_{\text{MPC+LQ}}$ 在 MRR 上的改善并不显著。就表 6.7 中 $\alpha\text{-}n\text{DCG@}10$ 而言，GQS 模型相比基准方法得到了显著的提升（显著性水平 $\alpha=0.01$），但是在 MRR 方面却并非如此。此外，就 $\alpha\text{-}n\text{DCG@}10$ 而言，GQS$_{\text{MSR+AQ}}$ 比

GQS$_{\text{MPC+AQ}}$提升了 2%，并且 GQS$_{\text{MSR+LQ}}$ 比 GQS$_{\text{MPC+LQ}}$ 提升了 1%。相反，在 MRR 上的提升较低，这意味着我们的模型有助于获得主题多样化的查询。

接着，我们研究 MSN 日志获得的实验结果，可以观察到一些与 AOL 日志类似的结论。

① GQS 方法使用的第一个查询对 D-QAC 有着细微的影响。

② GQS 模型中选择语法相关的查询比选择查询频率最高的查询更有效。

MRR 和 $\alpha\text{-}n\text{DCG@}10$ 方面的实验结果如表 6.8 所示。从表 6.8 中可知，在不同前缀长度下，模型的 MRR 提升是显著的。同时，我们的模型也产生了包含更多不同的主题的查询推荐，这是因为 $\alpha\text{-}n\text{DCG@}10$ 方面比基准方法得分更高，尤其是当使用会话中最后一个查询作为查询上下文环境时效果最佳。还可以看出，不管搜索上下文是什么，使用 GQS 模型选择语义相似的查询比选择查询频率最高的查询推荐性能更佳。此外，长前缀比短前缀获得更多的查询主题多样性，该说法被显著性检验所证明。例如，当输入查询前缀长度为 4 和 5 时，GQS$_{\text{MPC+LQ}}$ 和 GQS$_{\text{MSR+LQ}}$ 在 $\alpha\text{-}n\text{DCG@}10$ 方面与基准方法相比得到了显著的改善（显著性水平 $\alpha=0.5$），而输入查询前缀长度等于 1 时就没有这种结论。这些结论与 AOL 日志上的实验结果一致。因此，当用户在搜索框中连续输入字符时，我们的模型表现更佳，即长前缀得到的查询推荐结果的多样性比短前缀更高。

表 6.8 为 MSN 日志中前缀长度从 1~5 的情况下，选择不同的首次候选查询和使用的查询上下文，GQS 模型在 MRR 和 $\alpha\text{-}n\text{DCG@}10$ 上的表现，粗体表示每行中最好的。通过 t 检验确定双边差异的统计显著性（GQS 模型和基准方法）。

表 6.8　MRR 和 $\alpha\text{-}n$DCG@10 方面的实验结果

Metric	#p	Baseline	GQS$_{MPC+AQ}$	GQS$_{MSR+AQ}$	GQS$_{MPC+LQ}$	GQS$_{MSR+LQ}$
	1	0.4881	0.4963	0.4991△	0.4995△	**0.5014△**
	2	0.5456	0.5538	0.5572△	0.5578△	**0.5605△**
MRR	3	0.6041	0.6147	0.6134	0.6154	**0.6152**
	4	0.6523	0.6616	0.6647	0.6646	**0.6673△**
	5	0.6846	0.6945	0.6948	0.6960	**0.6975**
	1	0.6313	0.6395	0.6427	0.6423	**0.6431**
	2	0.6564	0.6637	0.6691	0.6708△	**0.6721△**
$\alpha\text{-}n$DCG@10	3	0.6679	0.6839△	0.6893△	0.6927△	**0.6942▲**
	4	0.6916	0.7051	0.7113△	0.7132△	**0.7146△**
	5	0.7118	0.7245	0.7302△	0.7332△	**0.7351△**

6.3.3　GQS 中查询上下文的影响效果

本节研究问题 RQ14,通过改变查询上下文,即把最近的查询 q_{T-1} 作为 C_S 或者所有的前序查询 $\{q_1,q_2,\cdots,q_{T-1}\}$ 作为 C_S 来验证模型性能。如图 6.2(a)所示,接近一半的查询会话长度超过两个查询。此外,我们认为在拥有多个查询的长会话中,位置靠后查询的意图可能与位置靠前查询的意图有所变化,这是因为搜索者最初的信息需求可能已被满足,用户有了新的查询意图。因此,最后一个前序查询可以作为用户最新查询意图的有效信号。我们首先比较从 AOL 和 MSN 数据集上得到的实验结果,然后再分析前缀长度对模型性能的影响。

表 6.6 给出了在 AOL 数据集上 GQS$_{MPC+LQ}$ 和 GQS$_{MPC+AQ}$ 模型的整体实验结果。可以看出,GQS$_{MPC+LQ}$ 较 GQS$_{MPC+AQ}$ 在查询推荐多样性上的改善是相对显著的,比如 $\alpha\text{-}n$DCG@10 指标提高明显,但是在 MRR 指标上的改善并不明显。具体而言,GQS$_{MPC+LQ}$ 较 GQS$_{MPC+AQ}$ 在 $\alpha\text{-}n$DCG@10 方面取得了 3% 的提高,在 MRR 方面的改善却少于 1%。此外,在 $\alpha\text{-}n$DCG@10 方面的提高是显著的(显著性水平 $\alpha=0.05$),而 MRR 方面却并非显著。因此,当 GQS 模型使用当前查询会话中最后

一个查询作为查询上下文时,可以在 AOL 数据集上产生多样化的查询推荐列表。相同的结论可以通过比较 GQS_{MSR+LQ} 和 GQS_{MSR+AQ} 的实验结果得到,只是相应的指标性能提高幅度较小。此外,我们比较了模型在不同的查询前缀长度下的实验结果,如表 6.7 所示。可见,GQS_{MPC+LQ} 模型较 GQS_{MPC+AQ} 模型,GQS_{MSR+LQ} 模型较 GQS_{MSR+AQ} 模型在 MRR 方面有所改善,但是改善幅度均有限。然而,$\alpha\text{-}nDCG@10$ 的比较结果显示,除了前缀长度为 5 的情况,GQS_{MPC+LQ} 相较 GQS_{MPC+AQ} 具有显著的改善(显著性水平 $\alpha=0.5$)。然而,GQS_{MSR+LQ} 和 GQS_{MSR+AQ} 则给出了相似的 $\alpha\text{-}nDCG@10$ 值。究其原因如下。

① GQS 模型可以得到多样化的查询列表,并且返回的包含多样化主题的查询推荐在查询推荐列表中的位置低于用户最后提交的查询。这就使得模型的 MRR 指标影响不大,但多样性指标变化较大。

② 接近一半的查询会话包含两个查询,如图 6.2(a) 所示。这意味着,在这些两个查询的检索会话中,无论采用哪种查询上下文,实验结果是相同的。为了证明这些解释,我们将 GQS_{MPC+LQ} 和 GQS_{MPC+AQ},以及 GQS_{MSR+LQ} 和 GQS_{MSR+AQ} 进行比较。我们将结果分显示在表 6.9 和表 6.10 中。

表 6.9　AOL 数据集中每一种前缀长度下的 MRR 和 $\alpha\text{-}nDCG@10$ 值,GQS_{MPC+LQ} 和其他模型相对比(第 2,5,8,11 列代表在测试集中 GQS_{MPC+LQ} 模型比相应的模型低的数据所占的百分比,第 3,6,9,12 列表示 GQS_{MPC+LQ} 与相应模型相同效果的百分比,第 4,7,10,13 列表示 GQS_{MPC+LQ} 比相应模型高的百分比)

#p	MRR						$\alpha\text{-}nDCG@10$					
	Baseline			GQS_{MPC+AQ}			Baseline			GQS_{MPC+AQ}		
1	26.83	37.91	35.26	17.58	60.39	22.03	22.37	24.68	52.95	15.14	58.02	26.84
2	20.72	49.17	30.11	18.06	62.15	19.79	20.36	26.83	52.81	14.65	58.97	26.38
3	14.68	60.47	24.85	16.23	63.06	20.71	18.94	27.02	54.04	12.21	60.62	27.17
4	11.38	61.24	27.38	16.08	62.97	20.95	18.51	27.63	53.86	11.45	62.78	25.77
5	10.62	62.54	26.84	15.41	61.53	23.06	18.43	28.37	53.20	09.84	64.15	26.01

表 6.10　AOL 数据集中每一种前缀长度下的 MRR 和 $\alpha\text{-}n\text{DCG@}10$ 值，GQS_{MSR+LQ} 和
其他模型相对比（第 2,5,8,11 列代表在测试集中 GQS_{MSR+LQ} 模型比相应的模型低的
数据所占的百分比，第 3,6,9,12 列表示 GQS_{MSR+LQ} 与相应模型相同效果的
百分比，第 4,7,10,13 列表示 GQS_{MSR+LQ} 比相应模型高的百分比）

#p	MRR						$\alpha\text{-}n\text{DCG@}10$					
	Baseline			GQS_{MPC+AQ}			Baseline			GQS_{MPC+AQ}		
1	24.37	36.53	39.10	17.91	63.31	18.78	20.12	21.83	58.05	17.60	62.61	19.79
2	19.65	47.86	32.49	16.47	64.39	19.14	20.21	23.07	56.72	17.08	63.75	19.17
3	13.78	57.85	28.37	15.93	66.87	17.20	19.55	24.38	56.07	16.35	65.05	18.60
4	12.84	59.17	27.99	15.55	67.62	16.83	18.42	25.82	55.76	15.21	66.36	18.43
5	11.53	61.02	27.45	14.41	68.15	17.44	18.59	27.03	54.38	15.57	67.32	17.11

从表 6.9 可见，与基准方法相比，GQS_{MPC+LQ} 效果较好，尤其是在 $\alpha\text{-}n\text{DCG@}10$ 方面。我们也发现，基准方法和 GQS_{MPC+LQ} 在 MRR 上有很多情况下是实验结果相同的（平局）。GQS_{MPC+LQ} 和 GQS_{MPC+AQ} 在 MRR 和 $\alpha\text{-}n\text{DCG@}10$ 方面在很多情况下实验结果也相同。这些平局大部分是当 GQS_{MPC+LQ} 和 GQS_{MPC+AQ} 返回了相同的查询推荐列表，其他一些平局情况发生在当两个模型返回的正确查询处于查询推荐列表的前列位置的情况下，如 1 或 2。将 GQS_{MPC+LQ} 和 GQS_{MSR+AQ} 进行比较时，能发现类似的结果，但是我们也发现了更多的平局，无论是采用 MRR 或者 $\alpha\text{-}n\text{DCG@}10$ 指标来比较。一个特别有意思的点如表 6.9 和表 6.10 所示，在多数情况下，前缀越长，平局越多。这是因为查询推荐模型对长前缀可以较早地返回最后正确的查询推荐，因此会产生更多相似查询推荐列表。

　　MSN 日志上的比较结果与 AOL 日志上的比较结果类似，即 GQS_{MPC+LQ} 和 GQS_{MPC+AQ}，以及 GQS_{MSR+LQ} 和 GQS_{MSR+AQ} 之间的比较。就表 6.8 中不同查询前缀长度上的实验结果分析，虽然将最后一个查询作为查询上下文环境的 GQS 模型在 MRR 和 $\alpha\text{-}n\text{DCG@}10$ 方面优于使用所有前序查询作为查询上下文环境时的 GQS 模型，但是提升效果

并不显著。在前缀较长的情况下，GQS_{MPC+LQ} 和 GQS_{MSR+LQ} 较基准方法的提升是显著的。相似地，在表 6.11 和表 6.12 中，我们统计分析了在每个前缀长度上 MRR 和 $\alpha\text{-}nDCG@10$ 指标的对比实验结果。因为 MSN 日志比 AOL 日志包含较多的拥有两个查询的周期，如图 6.2(a) 所示，在 GQS_{MPC+LQ} 和 GQS_{MPC+AQ}，以及 GQS_{MSR+LQ} 和 GQS_{MSR+AQ} 的比较中发现了更多的平局。这种情况多数发生在两个查询的会话中，因为在 GQS 模型中使用的查询上下文是相同的，即会话中最后一个查询和会话中所有的之前查询是相同的。

表 6.11　MSN 数据集中每一种前缀长度下的 MRR 和 $\alpha\text{-}nDCG@10$ 值，GQS_{MPC+LQ} 和其他模型相对比（第 2,5,8,11 列表示 GQS_{MPC+LQ} 模型比相应的模型低的数据所占的百分比，第 3,6,9,12 列表示 GQS_{MPC+LQ} 与相应模型相同效果的百分比，第 4,7,10,13 列表示 GQS_{MPC+LQ} 比相应模型高的百分比）

$\#p$	MRR						$\alpha\text{-}nDCG@10$					
	Baseline			GQS_{MPC+AQ}			Baseline			GQS_{MPC+AQ}		
1	25.14	39.43	35.43	16.17	63.51	20.32	27.65	21.75	50.60	14.07	62.34	23.59
2	18.62	50.83	30.55	15.57	65.01	19.42	25.18	22.82	52.00	13.26	64.13	22.61
3	13.69	62.45	23.86	13.69	67.87	18.44	26.74	23.95	49.31	11.33	66.22	22.45
4	12.79	63.53	23.68	13.16	68.69	18.15	22.14	26.07	51.79	10.76	67.66	21.58
5	13.02	64.68	22.30	12.88	69.70	17.33	25.28	26.73	47.99	10.01	67.79	22.20

表 6.12　MSN 数据集中每一种前缀长度下的 MRR 和 $\alpha\text{-}nDCG@10$ 值，GQS_{MSR+LQ} 和其他模型相对比（第 2,5,8,11 列表示 GQS_{MSR+LQ} 模型比相应的模型低的数据所占的百分比，第 3,6,9,12 列表示 GQS_{MSR+LQ} 与相应模型相同效果的百分比，第 4,7,10,13 列表示 GQS_{MSR+LQ} 比相应模型高的百分比）

$\#p$	MRR						$\alpha\text{-}nDCG@10$					
	Baseline			GQS_{MSR+AQ}			Baseline			GQS_{MSR+AQ}		
1	22.63	40.77	36.60	14.33	64.32	21.35	28.39	23.43	48.18	15.37	63.07	21.56
2	15.32	51.75	32.93	13.57	65.33	21.10	23.73	23.24	53.03	15.10	64.12	20.78
3	12.27	62.68	25.05	12.23	68.11	19.66	23.85	25.07	51.08	14.22	65.91	19.87
4	11.48	63.93	24.59	12.54	68.79	18.67	23.77	25.87	50.36	14.51	66.74	18.75
5	10.65	65.11	24.24	11.53	69.70	18.77	22.26	26.31	51.43	13.24	67.35	19.41

6.3.4　并排比较

为了回答研究问题 RQ15,按照 Chapelle 提出的步骤[23],比较人工判断和 6.3.3 节中实验结果的吻合度,结果如表 6.13 所示。我们发现,这两个评估方法在大量的比较中给出了相同的比较结果,吻合程度在 83%~96%。例如,在 GQS_{MPC+LQ} 和基准方法之间的比较,我们发现人类的比较结果在 90% 的程度上与 6.3.3 节产生的比较结果一致。GQS_{MPC+LQ} 和 GQS_{MPC+AQ} 之间的一致程度相对稍小:GQS_{MPC+LQ} 和 GQS_{MPC+AQ} 之间的多样性差异较 GQS_{MPC+LQ} 和基准方法之间的多样性差异要小,从而使人类判断查询推荐的多样性相对较难。我们也发现,前缀越长,模型之间比较结果的一致性程度越高,这是因为在长的查询前缀情况下,匹配的查询推荐数量比短前缀的情况下要少,因此降低了不一致的可能性。

表 6.13　算法得到的结果和人为比较结果的吻合度

#p	GQS_{MPC+LQ} vs.		GQS_{MSR+LQ} vs.	
	Baseline	GQS_{MPC+AQ}	Baseline	GQS_{MSR+AQ}
1	89.20	85.20	92.60	83.40
2	90.20	86.20	93.40	84.60
3	91.40	87.40	94.40	85.40
4	92.40	88.40	95.00	87.00
5	94.00	90.60	96.00	88.20

综上,我们可以得出结论,6.3.3 节发现的查询推荐方法之间的多样化差异性,在并排实验中获得了类似的实验结果。

6.3.5　参数调整的影响

本节对 GQS 模型进行灵敏度分析。通过改变式(6.4)中的参数 λ,

以及改变用于贝叶斯概率矩阵中的隐含特征的数量 k_f 来检验 6.3.5 节 GQS 模型的性能,然后观察当改变查询列表中查询推荐个数 N 时模型的性能变化。

（1）参数 λ 的影响

首先,检验参数 λ 从 $0 \sim 1$ 的变化影响,每次增长 0.1 时,我们在图 6.3 和图 6.4 分别给出了在 AOL 数据集和 MSN 数据集上的实验结果比较。

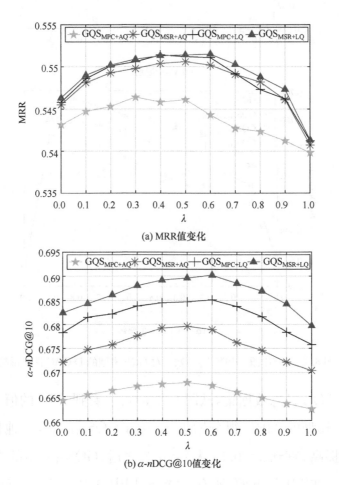

(a) MRR值变化

(b) $\alpha\text{-}n\text{DCG@10}$值变化

图 6.3　在测试集 AOL 上,参数 λ 对 GQS 模型的 D-QAC 性能影响

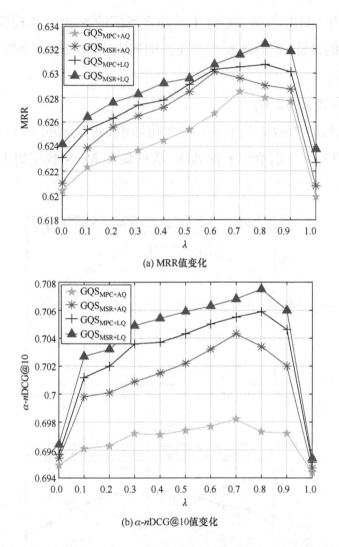

(a) MRR值变化

(b) α-nDCG@10值变化

图 6.4　在测试集 MSN 上,参数 λ 对 GQS 模型的 D-QAC 性能影响

对于 AOL 日志数据集,从图 6.3(a)可以看到,当 λ 的值从 $0\sim0.3$,所有 GQS 模型的 MRR 得分增加了;除了 GQS_{MPC+AQ},其他模型 MRR 指标一直提高,直到 $\lambda=0.5$;从 $\lambda=0.3$ 之后,GQS_{MPC+AQ} 的 MRR 得分开始下降。在 MRR 方面,所有 GQS 模型中,λ 从 $0.5\sim1$ 变化过程中,MRR 得分处于下降趋势。对于任何一个 GQS 模型,如果只关注查询频率(式(6.4)中的 $\lambda=1$ 时)模型的性能比只关注查询上下文环境

(式(6.4)中的 $\lambda=0$ 时)性能要差。在 $\alpha\text{-}n\text{DCG@}10$ 方面，$\text{GQS}_{\text{MPC+AQ}}$ 和 $\text{GQS}_{\text{MSR+AQ}}$ 模型的峰值出现在 λ 为 0.5 时；$\text{GQS}_{\text{MPC+LQ}}$ 和 $\text{GQS}_{\text{MSR+LQ}}$ 模型的峰值出现在 λ 为 0.6 时。对于任何一个 λ，在 MRR 和 $\alpha\text{-}n\text{DCG@}10$ 方面，$\text{GQS}_{\text{MSR+LQ}}$ 在四个模型中总是表现出最好的性能。

相反，对于 MSN 数据集上的 MRR 指标，$\text{GQS}_{\text{MPC+LQ}}$ 和 $\text{GQS}_{\text{MSR+LQ}}$ 模型的效果随着 λ 的增大而变好。当 $\lambda=0.8$ 时，模型的效果达到峰值。然而，$\text{GQS}_{\text{MPC+AQ}}$ 和 $\text{GQS}_{\text{MSR+AQ}}$ 模型的效果偏向于较小的 λ。如图 6.4(a) 所示，当 $\lambda=0.7$ 时，$\text{GQS}_{\text{MPC+AQ}}$ 达到峰值；当 $\lambda=0.6$ 时，$\text{GQS}_{\text{MSR+AQ}}$ 达到峰值。在 $\alpha\text{-}n\text{DCG@}10$ 方面模型的性能，如用 6.4(a) 所示，当 λ 从 0～1时，四个模型的性能都急剧的提高。这意味着，查询上下文环境确实有助于多样化查询推荐列表。此外，在 $\alpha\text{-}n\text{DCG@}10$ 方面，当 λ 从 0～0.8时，$\text{GQS}_{\text{MPC+LQ}}$ 和 $\text{GQS}_{\text{MSR+LQ}}$ 的得分持续增加；当 λ 从 0～0.7 时，$\text{GQS}_{\text{MPC+AQ}}$ 和 $\text{GQS}_{\text{MSR+AQ}}$ 的得分持续增加。当 $\lambda=1$ 时，四个模型的得分都比较低。此外，与 $\text{GQS}_{\text{MPC+AQ}}$ 和 $\text{GQS}_{\text{MSR+AQ}}$ 相比，另外两个模型在 λ 改变时，无论是在 MRR，还是 $\alpha\text{-}n\text{DCG@}10$ 方面，得分的波动更大。

由图 6.3 和图 6.4 可以得出。

① GQS 模型进行多样化查询推荐时，查询频率和查询上下文环境都很重要。从图 6.4 中可以看出，查询上下文环境比查询频率影响更大，尤其是在 MSN 日志数据集上。

② GQS 模型中查询上下文环境的使用，对于四个模型峰值的影响很小。

③ λ 的改变对于 $\alpha\text{-}n\text{DCG@}10$ 的影响比对 MRR 的影响更大，如图 6.3(b) 和图 6.4(b) 所示。

(2) 贝叶斯概率矩阵分解中隐含特征数量 k_f 的影响

下面分析贝叶斯概率矩阵分解中的隐含特征的数量 k_f 对模型性能的影响。在 GQS 模型中，我们手动改变 k_f 的值从 5～20。在 AOL 和 MSN 数据集上的实验结果比较如图 6.5 和图 6.6 所示。

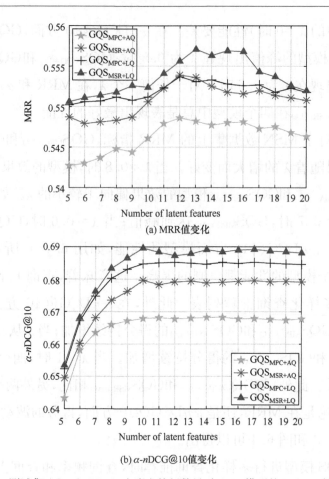

(a) MRR值变化

(b) $\alpha\text{-}n$DCG@10值变化

图 6.5　测试集 AOL 上 BPMF 中隐含特征数量对 GQS 模型的 D-QAC 性能影响

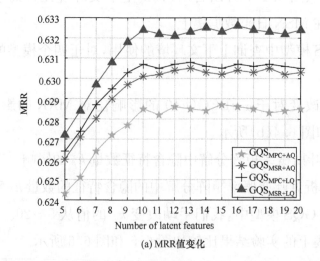

(a) MRR值变化

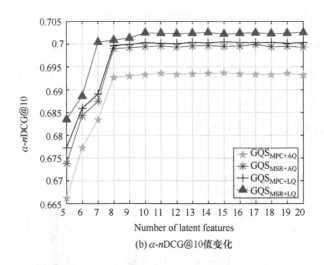

(b) $\alpha\text{-}n\mathrm{DCG}@10$值变化

图 6.6　测试集 MSN 上 BPMF 中隐含特征数量对 GQS 模型的 D-QAC 性能影响

对于 AOL 日志,当 k_f 的值从 5～12 时,GQS 模型在 MRR 方面的性能会显著增加。然而,在 $\alpha\text{-}n\mathrm{DCG}@10$ 方面,当 k_f 的值大于等于 10 时,得分不再增大。此外,当 k_f 的值从 10～20 时,GQS 模型的性能开始稳定下来,特别是在 $\alpha\text{-}n\mathrm{DCG}@10$ 方面。另一个重要的发现是,当 k_f 增加时,MRR 方面的性能有时下降。例如,当 k_f 从 18～20 时,除了 $\mathrm{GQS_{MPC+LQ}}$,其他 GQS 模型的得分降低了。对于 MSN 日志,当 k_f 从 5～10 时,所有 GQS 模型的得分增加了,并且当 k_f 从 10～20 时,得分保持稳定。与 AOL 日志中的 MRR 结果相比(图 6.5(a)),GQS 模型似乎对 MSN 日志中的隐含特征的数量比较敏感。当 k_f 较小时,例如 $5<k_f<10$,MRR 的变化(图 6.6(a))很容易观察到,尤其是对于 $\mathrm{GQS_{MPC+LQ}}$ 和 $\mathrm{GQS_{MSR+LQ}}$ 模型。MSN 日志中的 $\alpha\text{-}n\mathrm{DCG}@10$,除了 GQS 模型达到平衡的时刻不同,也可以得到相似的实验结果。在 MSN 数据集上,GQS 模型在 $k_f=8$ 时达到平衡,比 AOL 日志中的 $k_f=10$ 时才达到平衡更早一些。从图 6.5 和图 6.6 的结果可知,GQS 模型是足够健壮的,并且当 k_f 足够大时,例如当 $k_f>10$ 时,对于隐含特征的数量并不是特别敏感。

（3）查询推荐个数 N 对模型性能的影响

最后，我们调查当查询推荐个数变多（N＝20）或者变少（N＝5）时，GQS 模型和基准方法（即 QD-QCR）的性能变化。我们将实验结果分别显示在图 6.7 和图 6.8 中，分别对应在数据集 AOL 和 MSN 上的 MRR 和 α-nDCG@10 指标变化。

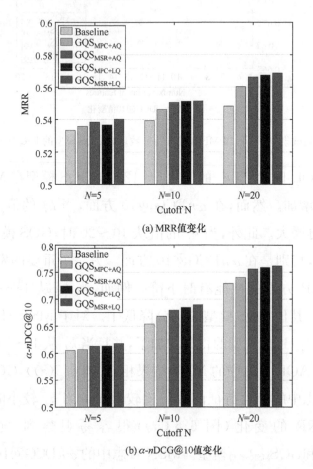

(a) MRR值变化

(b) α-nDCG@10值变化

图 6.7　测试集 AOL 上查询推荐个数 N 对 GQS 模型的 D-QAC 性能影响

正如图 6.7 和图 6.8 所示，在两个数据集上，当查询推荐返回的数量变大，即 N 值变大时，所有模型在 MRR 方面的性能提高。其中，N 值的增加增大了查询推荐列表中正确查询的概率。特别是，在 AOL 和

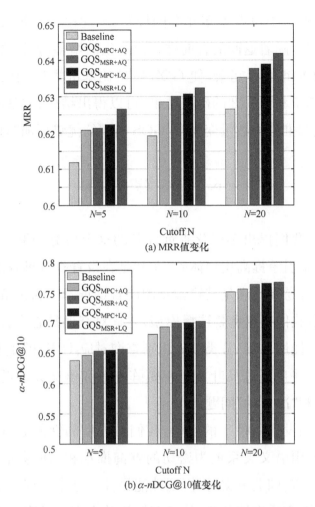

图 6.8　测试集 MSN 上查询推荐个数 N 对 GQS 模型的 D-QAC 性能影响

MSN 日志中,当 $N=5$ 时,模型之间的 MRR 得分大致相同。此外,随着 N 的增大,模型 MRR 的值超过基准方法的 MRR 值。例如,在 AOL 日志中,当 $N=5$ 时,GQS_{MSR+LQ} 实现 1.27% 的提高;当 $N=10$ 时,GQS_{MSR+LQ} 实现 2.24% 的提高;当 $N=20$ 时,GQS_{MSR+LQ} 实现 3.72% 的提高。在多样化查询方面,模型在 $\alpha\text{-}n\mathrm{DCG}@N$ 方面($N=5$、10 和 20)的提升比在 MRR 方面的提升更大。例如,当 $N=20$ 时,GQS_{MSR+LQ} 在 $\alpha\text{-}n\mathrm{DCG}@20$ 上实现了 4.43% 的提升。这可能是因为在查询推荐列表

的前 5 个候选项中没有太多冗余的推荐,因此模型很难实现一个明显的提升。但是,随着返回的查询推荐候选项的增多,查询推荐列表中会引入更多的查询推荐冗余,使 GQS 模型比基准方法的效果更好。因此,基于图 6.7 和图 6.8 的研究结果,可以得出结论,与基准方法相比,当返回的查询推荐的数量变大时,GQS 模型的优势更加明显。

6.4　本 章 小 结

在本章,我们提出多样化查询推荐的这个研究问题。我们认为这可以帮助搜索引擎提高用户体验,尤其是在设置查询推荐的数量上面,使得用户更容易找到满足其检索意图的查询推荐。为了解决多样化查询推荐问题,我们提出贪婪选择模型,并针对查询日志中查询主题分布的问题,我们使用 ODP 分类法来识别查询对应 URL 的主题,进而获取查询的主题,并且通过贝叶斯概率矩阵方法和语义关系近似法分别解决数据稀疏和“冷启动”问题。

通过不同设置条件下的实验,我们对模型的性能进行了检验。结果显示,当使用语义关系最为密切的查询推荐和当前会话中最后一个查询推荐作为查询上下文时,模型性能最佳。这个发现表明,查询主题在同一个查询会话中被共享,并且在较长的查询会话中可能会被改变。另外,当更多的查询推荐返回时,GQS 模型的表现更好。

至于今后的工作,我们计划将模型运用到的其他的数据集,其中可以使用人为的查询主题判断方法,而不是本章使用的基于 ODP 的主题自动生成方法。此外,引入其他的数据集对于“冷启动”问题的解决会是一个有意义的工作,因为这将有助于获得查询在不同主题上的准确分布情况。因为我们只考虑查询真正体现出来的主题,无论是显式的还是隐式的,都是由当前的搜索频率或者以前提交的查询来表示的,但是进一步收集用户的长期搜索历史,可以加强多样化查询推荐的性能,使得多样化查询推荐更加个性化,这对于缩减查询主题的空间会更有意义,即通过移除非相关查询来调整多样化查询的数量,但仍然可以促进多样化查询推荐,以及相关查询推荐的效果。

第 7 章将研究个性化是否总是可以提高查询推荐的性能。

参 考 文 献

[1] Pass G,Chowdhury A,Torgeson C. A picture of search// Proceedings of the 1st International Conference on Scalable Information Systems,2006.

[2] Bar-Yossef Z,Kraus N. Context-sensitive query auto-completion// Proceedings of the 20th International World Wide Web Conference,2011.

[3] Bollegala D,Matsuo Y,Ishizuka M. Measuring semantic similarity between words using web search engines// Proceedings of the 16th International World Wide Web Conference,2007.

[4] Chien S,Immorlica N. Semantic similarity between search engine queries using temporal correlation// Proceedings of the 14th International World Wide Web Conference,2005.

[5] Mikolov T,Chen K,Corrado G,et al. Efficient estimation of word representations in vector space// Proceedings of Workshop at ICLR,2013.

[6] Mikolov T,Sutskever I,Chen K,et al. Distributed representations of words and phrases and their compositionality. Advances in Neural Information Processing Systems,2013,26: 127-139.

[7] Salakhutdinov R,Mnih A,Bayesian probabilistic matrix factorization using Markov chain Monte Carlo// Proceedings of the 25th International Conference on Machine learning,2008.

[8] Salakhutdinov R,Mnih A. Probabilistic matrix factorization//Proceedings of Advances in Neural Information Processing Systems,2008.

[9] Neal R M. Probabilistic inference using Markov chain Monte Carlo methods. Technical Report,University of Toronto,1993.

[10] Dempster A,Laird N,Rubin D. Maximum likelihood from incomplete data via the EM algorithm. Journal of the Royal Statistical Society,Series B,1977,39(1):1-38.

[11] He J,Meij E,de Rijke M. Result diversification based on query-specific cluster ranking. Journal of the Association for Information Science and Technology,2011,62(3):550-571.

[12] Carbonell J,Goldstein J. The use of MMR,diversity-based reranking for reordering docu-

ments and producing summaries// Proceedings of the 21st International ACM SIGIR Conference on Research and Development in Information Retrieval,1998.

[13] Cai F,Liang S,de Rijke M. Time-sensitive personalized query auto-completion// Proceedings of the 23rd ACM Conference on Information and Knowledge Management,2014.

[14] Cai F,de Rijke M. Learning from homologous queries and semantically related terms for query auto completion. Information Processing and Management,2016,52(4):628-643.

[15] Cai F,Liang S,de Rijke M. Prefix-adaptive and time-sensitive personalized query auto completion. IEEE Transactions on Knowledge and Data Engineering,2016,28(9):2452-2466.

[16] Shokouhi M,Radinsky K. Time-sensitive query auto-completion// Proceedings of the 35th International ACM SIGIR Conference on Research and Development in Information Retrieval,2012.

[17] Shokouhi M. Learning to personalize query auto-completion// Proceedings of the 36th International ACM SIGIR Conference on Research and Development in Information Retrieval,2013.

[18] Whiting S,Jose J M. Recent and robust query auto-completion// Proceedings of the 23rd International World Wide Web Conference,2014.

[19] Jiang J Y,Ke Y Y,Chien P Y,et al. Learning user reformulation behavior for query auto-completion// Proceedings of the 37th International ACM SIGIR Conference on Research and Development in Information Retrieval,2014.

[20] Li L,Deng H,Dong A,et al. Analyzing user's sequential behavior in query auto-completion via Markov processes// Proceedings of the 38th International ACM SIGIR Conference on Research and Development in Information Retrieval,2015.

[21] Li Y,Dong A,Wang H,et al. A two-dimensional click model for query auto-completion// Proceedings of the 37th International ACM SIGIR Conference on Research and Development in Information Retrieval,2014.

[22] Mitra B. Exploring session context using distributed representations of queries and reformulations// Proceedings of the 38th International ACM SIGIR Conference on Research and Development in Information Retrieval,2015.

[23] Whiting S,McMinn J,Jose J. Exploring real-time temporal query auto-completion// Proceedings of the 12th Dutch-Belgian Information Retrieval Workshop,2013.

[24] Chapelle O,Joachims T,Radlinski F,et al. Large-scale validation and analysis of interleaved

search evaluation. ACM Transactions on Information System,2012,30(1):1-41.

[25] Thomas P,Hawking D. Evaluation by comparing result sets in context// Proceedings of the 15th ACM Conference on Information and Knowledge Management,2006.

[26] Vallet D. Crowdsourced evaluation of personalization and diversification techniques in web search// The CIR'11 Workshop of SIGIR,2011.

[27] Vallet D,Castells P. On diversifying and personalizing web search// Proceedings of the 34th International ACM SIGIR Conference on Research and Development in Information Retrieval,2011.

[28] Bennett P N,White R W,Chu W,et al. Modeling the impact of short- and long-term behavior on search personalization// Proceedings of the 35th International ACM SIGIR Conference on Research and Development in Information Retrieval,2012.

第7章 选择性个性化查询推荐方法

为了满足用户对一些特定信息的需要,个性化查询推荐实现策略就需要将用户的查询历史和用户点击文档考虑进来。例如,在第 4 章,用户的长期和短期查询内容就可以被用在个性化查询推荐中;在第 6 章,近期的查询历史也可以用来实现多样化的查询推荐。这些方法都是以一种固定的方式来实现个性化查询推荐。但是,我们不清楚在不同的查询背景下,个性化查询推荐是不是都是一直保证有效。在本章,我们将讨论在自动化查询推荐中,有选择的个性化查询推荐方法的实现。基于传统的个性化查询推荐策略,该策略基于查询频率和查询上下文内容作为个性化查询推荐的标准,在两者取折中值。在此基础上,我们提出一个有选择的个性化查询推荐模型来研究这个折中值。具体来说,我们基于回归模型,对每种查询推荐情况都给出一个有效的折中值。这个回归模型考虑用户的输入前缀、点击过的文档、查询会话中近期的查询这三种信息源来决定个性化信息在查询推荐模型中的权重。

在传统的网页检索[1,2]和推荐系统[3]中,并不是所有的查询都能以一种相同的策略进行个性化处理,因为个性化策略在一些情况下会影响查询的精度。同样,对于查询推荐而言,对于每个输入的查询前缀来说,我们也不能以固定的方式去实现个性化的查询推荐。原因在于用户的初始信息需求可能是通过之前的一些交互已经满足;用户在一段时间内可能会改变他们的初始查询目的。这样的线索可以通过一系列的点击或者一系列的查询行为来得知。

在本章中,我们提出一个有选择的个性化推荐(selectively person-alizing query auto completion,SP-QAC)模型,重排了由基于查询频率的查询推荐模型[4]得到的前 N 个推荐。具体来说,当与其他查询推荐排序信息相结合的时候,个性化信息在 SP-QAC 模型中的贡献是单独来衡量的。在给个性化信息赋权重的时候,我们主要考虑以下几个因素:用户的输入前缀、用户点击的文档来推测用户的检索偏好,以及一段时间内查询主题的变化来发现查询意图的变化。我们使用来自开源项目 ODP 中的 URL 信息,以及 Word2vec 模型[5,6]来表征各个文档和查询的主题向量分布,从而推测一段时间内用户的兴趣和查询目的。在本章,我们需要回答以下几个问题。

RQ17　有选择的个性化查询推荐机制能够提高传统的个性化查询推荐的排序结果准确率吗?

RQ18　在 SP-QAC 模型中,逻辑回归的不同输入对模型的查询推荐排序性能有何影响?

最后,在一个公开的测试数据集下,通过比较我们提出的方法结果和现有典型的查询推荐结果(MRR 值),量化展示了本章方法的改进之处。我们发现,SP-QAC 模型效果比传统的非个性化查询推荐方法要好,而且也比采用固定权重的个性化查询推荐方法的效果更佳。

这一章,我们的主要贡献如下。

① 提出有选择的个性化查询推荐模型,可以比较灵活地提高或者降低个性化在查询推荐模型中的贡献权重。

② 通过研究输入前缀、点击过的文档,以及一段时间内的查询主题变化来估计查询推荐模型中的个性化权重值。

7.1 节细化有选择的个性化查询推荐方法。7.2 节介绍实验的设计。7.3 节展示实验结果和讨论。7.4 节进行本章小结。

7.1　方　法　描　述

正如前面章节介绍的,一个得到查询推荐列表的直接有效的方法就是基于查询的频率。Bar-Yossef 在 2011 年提出这种查询推荐的模型[4],并命名为 MPC(most popular completion)模型,即

$$\text{MPC}(p) = \mathop{\text{argmax}}_{q \in S(p)} \omega(q), \quad \omega(q) = \frac{f(q)}{\sum_{i \in L} f(i)}$$

其中,$f(q)$表示在查询记录 L 中查询 q 出现的次数;$S(p)$表示以 p 为前缀的查询推荐。

为了满足用户对特定信息的需要,个性化信息就需要加入 MPC 模型中,相应的个性化查询推荐方法应运而生[7-10]。一般的个性化查询推荐方法都用一个固定的参数 λ 来控制个性化信息对最终给出的查询推荐排序的贡献。例如,在文献[4]中,对每个候选的查询推荐 q_c 计算一个混合分数,它是两个分数的凸组合。例如,查询的普遍性分数 $\text{MPC}_{\text{sco}}(q_c)$ 和个性化分数 $P_{\text{sco}}(q_c)$,即

$$\text{hybsco}(q_c) = \lambda\,\text{MPC}_{\text{sco}}(q_c) + (1-\lambda)\,P_{\text{sco}}(q_c)$$

其中,$\text{MPC}_{\text{sco}}(q_c)$ 是衡量候选查询推荐 q_c 在查询记录中出现的频率;$P_{\text{sco}}(q_c)$ 是用来衡量 q_c 和一段时间内查询内容的相似度。

这种方法对于每种输入前缀都可以实现统一的个性化权重处理。但是,用户有可能在一段时间内改变了他们的查询目的。这样,如果我们继续使用之前的个性化的权重,可能就会降低查询推荐列表的精度。因此,我们提出有选择的个性化查询推荐模型(SP-QAC)。它强调不同情况下个性化权重不一样,因此混合分数为

$$\text{hybsco}(q_c) = \varphi(\cdot) \cdot \text{MPC}_{\text{sco}}(q_c) + (1-\varphi(\cdot)) \cdot P_{\text{sco}}(q_c)$$

其中,$\varphi(\cdot)$ 输出[0,1]的一个参数,由输入前缀、点击过的文档,以及一段时间内的查询主题变化来决定。

这样,查询推荐模型中的个性化权重就可以根据特定的情况来确定。

7.1.1　输入前缀信号

正如第 2 章中描述的,以前的自动化查询推荐方法只考虑采用输入前缀匹配查询推荐短语,生成查询推荐列表,忽略了一些隐藏在输入前缀背后的个性化信息。其实,输入前缀通常能够给推测用户查询活动提供很有力的线索,如查询扩展和查询重复等。因此,我们将它考虑进个性化权重的计算过程中。

直观来看,如果用户在输入框输入当前会话中一段时间内提交过的查询的前缀,那么很有可能用户在重复该查询[11]。因此,个性化信息在该查询推荐过程中将很有意义。我们引入一个因子 f_p 来衡量输入前缀对个性化权重的影响,即

$$f_p = \frac{|W(p)|}{|S|} + c$$

其中,W_p 表示在当前查询会话汇中以 P 为前缀的词的数量;S 表示当前查询会话中查询词的数量;C 表示一个很小的平滑系数;f_p 值越大,表示个性化对查询推荐模型中的影响越大。

7.1.2　从点击过的文档推测查询的满意程度

用户对检索文档的点击是判断用户对查询结果满意程度的一个重要指标[12]。可以通过计算点击过的文档内容和输入查询之间的相似程度来测量,它们之间越相似,用户就越满意[13]。余弦相似度可以用来计算衡量相似程度的因子 f_d,即

$$f_d = \begin{cases} c, & \text{没点击} \\ \dfrac{1}{|Q|} \sum_{q \in Q} \dfrac{1}{D_q} \sum_{d \in D_q} \cos(q, d), & \text{其他} \end{cases}$$

其中，D_q 表示在当前检索会话中和查询 q 相关的点击过的文档；$|Q|$ 表示当前会话中的查询集合；每一个 D_q 中的文档 d 都有一个来源于 ODP 的描述文档 T。

我们将利用 Word2vec 模型[5,6]对文档向量化，每个词表述一个向量 v_w，因此一个文档向量可以表示为其描述文档 T 中含有的词的平均值，即

$$d = \frac{1}{|T|} \sum_{v_w \in T} v_w$$

同样，查询 q 向量可以表示为在训练集中，在 q 查询下点击过的文档集合 D 的平均值，即

$$q = \frac{1}{|D|} \sum_{d \in D} d$$

在实际情况中，对于没有点击文档的查询 q，可以用与它语义上最相似的查询 q_0 来表示。q_0 可以用 word2vec 模型[5,6]得到。通过下式方法找到与查询 q 最相近的查询 q_0，即

$$q_0 \leftarrow \underset{q_l \in Q_L}{\mathrm{argmax}} \cos(q, q_l) = \underset{q_l \in Q_L}{\mathrm{argmax}} \frac{1}{W} \sum_{w_k \in q} \sum_{w_j \in q_l} \cos(w_k, w_j)$$

其中，Q_l 表示在训练集中有点击文档的查询的集合；W 表示两个查询之间的词对的数量。

直观来看，f_d 的分数越高，意味着用户对检索结果满意的可能性越大，用户的信息需求被满足的可能性越大，因此导致个性化在查询推荐中的权重值越小。当没有点击文档的时候，我们给 f_d 赋值一个很小的平滑系数 c。这时个性化就会有意义，因为用户的查询意图并没有被解决，用户可能会提交相似的查询。

7.1.3　检测查询主题的变化

通常来说，在一个检索会话中，随着用户查询数目的增加，用户的

初始检索意图越有可能被改变[11]。我们认为在一段时间内,查询流 $\{q_1, q_2, \cdots, q_{t-1}, q_t\}$ 的主题变化,对于识别一个检索任务中个性化权重的赋值是有影响的。一个明显的查询主题的变化暗示在查询推荐中个性化所占权重很低,因为用户改变了查询意图。因此,我们提出一个因子 f_q 来感知一段时间内查询主题的改变,即

$$f_q = \begin{cases} c, & r=1 \text{ 或者 } 2 \\ \cos(q_1, q_2), & r=3 \\ \cos(q_{r-1}-q_{r-2}, q_{r-2}-q_{r-3}), & r>3 \end{cases}$$

其中,r 是指一段时间内查询 q 的位置。

每个查询都通过 7.1.2 节中的方式进行了向量化。对于一段时间内的初始查询,即 $r=1$ 或 2,主题变化是不存在的,对个性化没有影响,因此我们给 f_q 赋值为一个很小的平滑常数 c。同样,对于 $r=3$ 的查询,也不存在相关的主题变化。我们用查询 q_{r-1} 和 q_{r-2} 之间的余弦相似度来表示查询主题的变化。对于位置 $r>3$ 的 q,我们主要研究它们的查询主题变化。

基本看来,f_q 值越大,表示该查询和会话中之前的查询相似度很大,也就是说,该查询没有发生主题变化的可能性很大。从这个角度来说,对于一个查询推荐任务来说,个性化应该被重视。

7.1.4　个性化的权重

考虑上面讨论的因子,包括输入前缀、点击过的文档,以及查询之间的主题变化,我们采用逻辑回归对这些因子对查询推荐中个性化权重的影响进行建模。在训练阶段,对于每种前缀,我们以 0.1 步长将 λ 从 0 变化到 1,可以保证最后提交的查询在查询推荐列表的前面位置。这样,我们就可以得到一个个性化的最优权重,用作回归模型中的一个正确标签。

关于回归模型中的输入,前面讨论过的因子 f_p、f_d 和 f_q 都包括在

里面。为了克服输入前缀带来的噪声干扰,我们通过考虑回归模型中多种输入来确定个性化的权重值,主要根据检索会话之前的查询中又没有出现该输入前缀来确定。因此,7.3 节中有选择的权重 $\varphi(\cdot)$ 就可以通过下面的式子得到,即

$$\varphi(\cdot)=\begin{cases}\mathrm{Reg}(f_d,f_q),\quad f_p=c\\\mathrm{Reg}(f_p,f_d,f_q),\quad \text{其他}\end{cases}$$

最后,我们用文献[7]中提出的个性化方法来计算 $P_{\mathrm{SCO}}(q_c)$ 值。

7.2 实 验 设 计

在这一节,我们介绍实验的设置和对比的基准方法。与第 6 章中介绍的传统查询推荐实验设置[14-18]类似,采用公开的查询数据集 AOL[19]。该集合分为三个部分,即训练集、验证集和测试集,分别占整个记录的 60%、20% 和 20%。在实验中,我们移除只包含一个查询和没有点击的查询会话,因为它们没有足够的信息作为查询上下文。另外,我们保留了那些最终用户提交查询包含在 MPC 方法推荐的前 N 个查询中的例子样本。这是一种在查询推荐问题中常用的实验设置[15-18,20]。

就对比方法来说,我们选取以下对比对象。

① 我们在第 4～6 章中用到的 MPC 方法[1],它是根据查询出现的频率来给出查询推荐列表的。

② 7.2 节提到的含有固定的折中值 λ 的基于查询上下文的个性化查询推荐方法,用 P-QAC 来表示[7]。

与之前一样,我们用 MRR 指标来衡量查询推荐模型的好坏。两种方法效果的显著性差异用 t 检验,▲/▼表示显著性水平 $\alpha=0.01$ 下的显著性差异,▲/▼表示显著性水平 $\alpha=0.05$ 下的显著性差异。

另外,我们设置 $N=10$,是指由 MPC 方法返回前 10 个查询推荐。在实验中,常数 c 随机赋值为 0.01。

7.3 实验结果与分析

下面给出实验结果来证明 SP-QAC 方法的有效性。在 7.3.1 节，我们测试该模型的普遍性能。在 7.3.2 节，我们研究个性化权重计算过程中的因子影响。

7.3.1 SP-QAC 模型的性能

为了回答 RQ17，我们对比了 SP-QAC 模型和上述一些基本查询推荐方法性能，结果如表 7.1 所示。

表 7.1 为查询推荐模型的 MRR 值。前缀长度从 1 增加到 5。每一行效果最好的方法被加粗标注。▲/▼表示 $\alpha=0.01$ 时 t-test 的显著性水平，△/▽表示 $\alpha=0.05$ 时 t-test 的显著性水平。SP-QAC 分数左边的符号表示 SP-QAC 和 MPC 方法的显著性差异，SP-QAC 分数右边的符号表示 SP-QAC 和 P-QAC 方法的显著性差异。

表 7.1 查询推荐模型的 MRR 值

$\#p$	MPC	P-QAC	SP-QAC
1	0.5368	0.5422	△**0.5535**△
2	0.5556	0.5628	△**0.5744**△
3	0.5944	0.6046	△**0.6165**
4	0.6294	0.6427	▲**0.6547**
5	0.6589	0.6646	▲**0.6762**

可以看到，就 MRR 指标来说，一个通用化的个性化方法可以提高查询推荐方法的 MRR 指标，因为在每个具体的前缀长度下，P-QAC 方法的 MRR 值比 MPC 方法的要高。除此之外，当在 P-QAC 模型中加入可选择的个性化策略后，SP-QAC 的 MRR 指标值迅速增加，较 MPC 和 P-QAC 模型都要高很多。与 MPC 方法相比，对于短的前缀，SP-

QAC 方法在指标 MRR 上具有较为明显的提高,如♯$p＝1$ 或者 2,在 $\alpha＝0.05$ 水平下提高是显著的;对于长的前缀,SP-QAC 方法在指标 MRR 上具有较为明显的提高,比如♯$p＝4$ 或者 5,在 $\alpha＝0.01$ 水平下提高是显著的。对于这种差异,我们可以做如下解释:在大部分的情况下,相较于短的前缀来说,长的前缀反映了更多的个性化信息,如查询重复。然而,与 P-QAC 方法相比较,只有在短的前缀的情况下,SP-QAC 方法在指标 MRR 上才有比较明显的提升。主要是因为在这两种模型下,长的前缀都能将正确的结果返回在推荐列表的前面,所以有选择的个性化模型并不能表现出较大的提升空间。

为了更进一步的证明,有选择的个性化推荐方法的有效性,我们测试了不同位置查询下查询推荐模型的效果。例如,查询在查询会话的最开始(1,2,3),在中间(4,5,6),在查询会话的最后(＞6)。表 7.2 展示了实验比较结果。我们可以看到,当查询处于查询会话的开始位置时,这几种方法的 MRR 指标值不相上下,因为此时 P-QAC 和 SP-QAC 模型能够从查询内容中得到的查询信息是有限的。当查询内容丰富起来的时候,SP-QAC 较 MPC 和 P-QAC 方法在 MRR 指标上就有了明显的提高。

表 7.2 为当一系列查询处在不同的位置时,查询推荐模型的 MRR 值。每一行效果最好的方法被标注了出来。▲/▼表示 $\alpha＝0.01$ 时 t-test的差距,△/▽表示 $\alpha＝0.05$ 时 t-test 的差距。SP-QAC 分数左边的符号表示 SP-QAC 和 MPC 方法的差异,SP-QAC 分数右边的符号表示 SP-QAC 和 P-QAC 方法的差异。

表 7.2 不同的位置查询推荐模型的 MRR 值

Query position	MPC	P-QAC	SP-QAC
{1,2,3}	0.6283	0.6327	**0.6340**
{4,5,6}	0.6005	0.6113	▲**0.6257**△
{7,8,9}	0.5737	0.5863	▲**0.6058**△

7.3.2 个性化衡量影响因子分析

下面研究 RQ18,分析回归模型在不同输入的情况下计算而得的个性化贡献权重对 SP-QAC 模型的性能影响。我们依次移去输入回归模型的一个因子,得到 SP-QAC-$f_d f_q$、SP-QAC-$f_p f_q$ 和 SP-QAC-$f_d f_p$ 模型,分别对应不考虑 f_p、f_d 和 f_q 因子的 SP-QAC 模型。图 7.1 展示了这三种模型,以及考虑这三个因子的 SP-QAC 模型的性能比较结果。

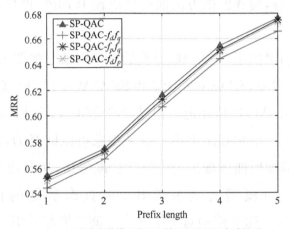

(a) 查询推荐模型在不同前缀长度下的实验效果

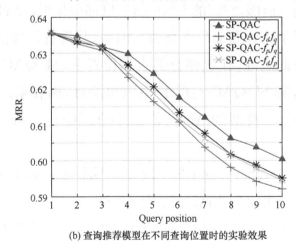

(b) 查询推荐模型在不同查询位置时的实验效果

图 7.1 SP-QAC 模型在不同实验设置条件下的性能比较

在图 7.1 中,当查询在任何位置、任何输入前缀的长度下,考虑三个因子的 SP-QAC 模型都有最好的 MRR 指标值。在图 7.1(a)中,随着输入前缀长度的增加,MRR 值单调增加。主要因为长的前缀可以减少匹配输入前缀相的查询推荐数量。在图 7.1(b)中,我们发现,随着当前查询会话中用户查询数目的增多,SP-QAC 方法的 MRR 指标会下降。原因在于,一段时间内用户最后提交的查询往往是不常见的比较孤僻的查询,而且查询目的通常不明确。这就导致 MPC 模型很难返回正确的查询推荐,而我们的方法前提是依赖于 MPC 产生的这个查询推荐列表。

下面,我们聚焦于 SP-QAC 模型的三个因素。如图 7.1(a)所示,随着前缀长度的增加,SP-QAC-$f_p f_d$ 和 SP-QAC-$f_d f_q$ 模型的 MRR 值和 SP-QAC 模型的 MRR 值相近。但是,SP-QAC-$f_d f_p$ 模型的 MRR 值和他们有一些差距,虽然差距很小。这种现象可以解释为,随着前缀长度的增加,输入前缀所能体现出的个性化程度越高,从而使 SP-QAC-$f_p f_d$ 和 SP-QAC-$f_d f_p$ 模型的效果较好。就查询所处的位置来说,如图 7.1(b)所示,这四个模型对于第一个查询的推荐效果一样,而对位置靠前的查询输入前缀,它们的 MRR 指标值都很相近,比如 $\sharp p = 2$ 或者 3,这是因为对于位置靠前的查询输入前缀,并没有足够的可获取的检索上下文。除此之外,在大部分的查询位置下,SP-QAC-$f_p f_q$ 模型比 SP-QAC-$f_d f_q$ 和 SP-QAC-$f_d f_p$ 模型效果要好,而在第二个查询位置处,SP-QAC-$f_d f_p$ 模型的 MRR 值比 SP-QAC-$f_p f_q$ 要高一些,原因如下。

① 对第二个查询,查询主题的改变并不能被发现,但是输入前缀和点击过的文档带来的个性化信息仍然有用。

② 对于位置靠后的一些查询,有丰富的查询上下文支持,而且输入的查询前缀和查询主题的变化都为有选择的个性化查询推荐模型提供了有价值的信息。

本质上讲,从图 7.1 可以看到,没有考虑 f_q 因子的 SP-QAC 模型效果最差,我们可以认为 f_p 是有选择的个性化推荐模型中最重要的因子,同样可以认为 f_p 比 f_d 更重要。

7.4　本 章 小 结

在这一章,我们为自动化查询推荐提出有选择的个性化方法。对于查询推荐的排序,我们的模型可以为每一个输入前缀计算个性化在模型中的贡献度。对于一个一般的个性化查询推荐模型,我们讨论了几个会影响个性化权重的因子,如输入前缀,点击过的文档信息,以及当前会话中查询主题的变化。我们发现,输入前缀对于衡量查询推荐模型中个性化权重最有意义,其次是查询主题的变化信息,最后是点击过的文档信息。

本章工作研究了什么时候在查询推荐模型中需要强调个性化信息的贡献。在总结以前的个性化查询推荐模型的基础上又前进了一步。未来可以通过其他的资源数据来探索如何实现更好的个性化查询推荐,例如考虑用户在点击结果上停留的时间,他们长期的查询检索历史。除此之外,可以找一些特定的用户,观察他们是否受益于个性化的查询推荐系统。

参 考 文 献

[1] Dou Z, Song R, Wen J. A large-scale evaluation and analysis of personalized search strategies// Proceedings of the 16th International World Wide Web Conference, 2007.

[2] Teevan J, Dumais S, Liebling D. Personalize or not to personalize: modeling queries with variation in user intent// Proceedings of the 31st International ACM SIGIR Conference on Research and Development in Information Retrieval, 2008.

[3] Zhang W, Wang Jun, Chen, et al. To personalize or not: a risk management perspective// Proceedings of the 7th ACM Conference on Recommender Systems, 2013.

[4] Bar-Yossef Z, Kraus N. Context-sensitive query auto-completion// Proceedings of the 20th International World Wide Web Conference, 2011.

[5] Mikolov T, Chen K, Corrado G, et al. Efficient estimation of word representations in vector space// Proceedings of Workshop at ICLR, 2013.

[6] Mikolov T, Sutskever I, Chen K, et al. Distributed representations of words and phrases and their compositionality. Advances in Neural Information Processing Systems, 2013, 26: 3111-3119.

[7] Cai F, Liang S, de Rijke M. Time-sensitive personalized query auto-completion// Proceedings of the 23rd ACM Conference on Information and Knowledge Management, 2014.

[8] Cai F, de Rijke M. Learning from homologous queries and semantically related terms for query auto completion. Information Processing and Management, 2016, 52(4): 628-643.

[9] Cai F, Liang S, de Rijke M. Prefix-adaptive and time-sensitive personalized query auto completion. IEEE Transactions on Knowledge and Data Engineering, 2016, 28(9): 2452-2466.

[10] Shokouhi M. Learning to personalize query auto-completion// Proceedings of the 36th International ACM SIGIR Conference on Research and Development in Information Retrieval, 2013.

[11] Jiang J Y, Ke Y Y, Chien P Y, et al. Learning user reformulation behavior for query auto-completion// Proceedings of the 37th International ACM SIGIR Conference on Research and Development in Information Retrieval, 2014.

[12] Kim Y, Hassan A, White R W, et al. Modeling dwell time to predict click-level satisfaction// Proceedings of the 7th ACM International Conference on Web Search and Data Mining, 2014.

[13] Fox S, Karnawat K, Mydland M, et al. Evaluating implicit measures to improve web search. ACM Transactions on Information Systems, 2005, 23 (2): 147-168.

[14] Shokouhi M, Radinsky K. Time-sensitive query auto-completion// Proceedings of the 35th International ACM SIGIR Conference on Research and Development in Information Retrieval, 2012.

[15] Whiting S, Jose J M. Recent and robust query auto-completion// Proceedings of the 23rd International World Wide Web Conference, 2014.

[16] Li L, Deng H, Dong A, et al. Analyzing user's sequential behavior in query auto-completion via Markov processes// Proceedings of the 38th International ACM SIGIR Conference on

Research and Development in Information Retrieval, 2015.

[17] Li Y, Dong A, Wang H, et al. A two-dimensional click model for query auto-completion// Proceedings of the 37th International ACM SIGIR Conference on Research and Development in Information Retrieval, 2014.

[18] Mitra B. Exploring session context using distributed representations of queries and reformulations// Proceedings of the 38th International ACM SIGIR Conference on Research and Development in Information Retrieval, 2015.

[19] Pass G, Chowdhury A, Torgeson C. A picture of search// Proceedings of the 1st International Conference on Scalable Information Systems, 2006.

[20] Cai F, Reinanda R, de Rijke M. Diversifying query auto-completion. ACM Transactions on Information Systems, 2016, 34(4): 1-32.

第8章 总 结

本书介绍了信息检索中查询推荐的相关理论和方法,就是当用户在输入查询过程中,输入查询前缀后提供给用户一组查询推荐列表来帮助用户构建查询。我们通过回答怎样预测用户的查询意图和只知道少量输入(即查询的前缀)的情况下怎样快速返回合适的查询推荐列表的方式来解决用户构建查询难的问题。目前,信息检索中的查询推荐已经得到了较好发展。由于这个技术可以帮助用户避免查询拼写错误,构建合理的查询短语,它被普遍的融入到现代搜索引擎中。查询推荐服务的应用对提高搜索结果的准确性有很大帮助,从而可以提高用户的搜索满意度。

本书4个研究章节的内容以下述方式提供了解决查询推荐的途径。首先,我们在第4章关注了怎样融合时效性信息和特定用户个性化信息来提高查询推荐准确率。具体而言,我们已经分析了查询频率的周期性特征,以及查询频率的近期趋势,以便更好地预测查询的未来频率。而且,我们还根据用户当前搜索会话内容模仿了他们的兴趣,提出一个新的查询推荐算法来避免现有方法的局限性。其次,我们在第5章分析了基于频率的查询推荐方法的局限性。这种方法在统计查询时遵循严格的查询匹配原则,忽视了相似查询的因素。因此,我们研究了相似查询的贡献度。再者,我们考虑了查询推荐之间的语义相似度,提出基于机器学习的查询推荐排序方法来融入上述特征。接着,我们在第6章研究查询推荐中的一个实际问题,即由于返回的查询推荐数量有限,不允许查询推荐列表中出现太多冗余的查询推荐。为此,我们提出一个筛选查询推荐的贪婪方法,可以在查询推荐列表中快速返回正确的查询推荐同时使得查询推荐列表多样化,覆盖不同的查询主题。最后,我们在第 7 章研究了何时对查询推荐进行个性化,提出一种选择性的个性化查询推荐模型。通过在个性化查询推荐模型中动态地指定个性化信息在模型中的贡献度,实现有针对性的个性化查询推荐策略。为了衡量个性化的权重,我们考虑用户输入的查询前缀、当前查询会话中点击的文件和查询的主题变化等几个影响因素。

下面,我们更详细地概括本书的主要贡献,并在 8.1 节中给出本书的研究结果来回答提出的研究问题。在 8.2 节,我们简要分析未来可能的研究方向。

8.1 主 要 发 现

第一个研究章节关注的是利用时效性信息与用户个人信息的相结合来改进查询推荐排序的性能。第 4 章处理的第一个研究问题的重点在于测试我们提出的时效性查询推荐模型,即 λ-TS-QAC 和 λ^*-TS-QAC 的性能。

研究问题 RQ1,作为一个基本的检测,多种不同模型得出的查询频率预测的准确性如何?

研究问题 RQ2,提出的时效性查询推荐模型(λ-TS-QAC 和 λ^*-TS-QAC)与传统的时效性查询推荐方法相比,查询推荐性能如何?

在回答这两个问题的过程中,我们发现就平均绝对误差和对称平均绝对百分比误差而言,基于查询频率周期性和近期查询频率趋势的预测方法比其他预测方法的准确度要高。在准确预测出的查询频率未来趋势的基础上,我们提出时效性查询推荐模型。该模型的查询推荐准确率(采用 MRR 来衡量)比传统的查询推荐基准方法效果更好。

之后,我们提出一种混合查询推荐模型 λ^*-H-QAC,将时效性和个性化都考虑进来,与基于 n-gram 的混合模型 λ^*-H_G-QAC 作比较。此外,我们对 λ^*-H-QAC 和 λ^*-H'-QAC 模型进行了扩展,提出一种优化方法来处理长尾前缀,即非流行前缀的查询推荐。为了验证提出的查询推荐模型的实效性,我们明确回答了以下研究问题。

研究问题 RQ3, λ^*-H-QAC 比时效性查询推荐方法(如 λ^*-TS-QAC)实验性能好吗?

研究问题 RQ4,相比于基于 n-gram 的个性化查询推荐方法, λ^*-H-QAC 模型的查询推荐性能如何?

研究问题 RQ5, λ^*-H-QAC 和 λ^*-H_G-QAC 的实验性能有何差异?

研究问题 RQ6,在处理长尾前缀问题上, λ^*-H'-QAC 和 λ^*-H-QAC 模型有何性能差异? 两个模型的整体性能如何? 与基于 n-gram 的混合模型相比, λ^*-H_G-QAC 模型性能如何?

将用户的个性化信息并入 TS-QAC 模型后,我们提出的混合模型 λ^*-H-QAC 在不同长度的查询前缀条件下,表现出较好的实验性能。然而,除了获取查询之间相似性的额外消耗, λ^*-H-QAC 相比 λ^*-TS-QAC 只有相当小的性能提高。在 AOL 和 SvN 数据集上, λ^*-H-QAC 在查询前缀较长时,查询推荐准确率更高。

同个性化查询推荐方法相比,如 G-QAC(以 n-gram 模型为基础), λ^*-H-QAC 就 MRR 得分而言,在所有测试中都显著地优于 G-QAC 模型。然而,当 G-QAC 与 λ^*-TS-QAC 相结合时,混合模型 λ^*-H_G-QAC 与 λ^*-H-QAC 相比性能更佳,原因如下。

① λ^*-H_G-QAC 是在字符层次上计算查询相似性的,可能导致数据稀疏问题。

② n-gram 模型中的 n 是人工确定的,这导致 λ^*-H-QAC 无法合理地对查询进行排序。

在此实验的基础上,我们提出改进的查询推荐混合模型,即 λ^*-H'-QAC 来处理不常见的长尾前缀。该模型获得了在所有查询推荐模型中最高的 MRR 值。

在之前的查询推荐模型研究工作中,大多数查询推荐模型基于查询频率对备选查询进行初始排序。在统计查询次数时,遵循严格的匹配原则,因此相似查询的影响被忽视了。同时,之前的查询推荐方法都忽视了查询词之间的语义相关性。但是,用户在构建查询时倾向于将语义相关的词结合起来,构成查询短语。为了弥补这一缺陷,在基于用户行为特征分析的学习型查询推荐模型[1]基础上,我们提出一组基于同源查询词频率和语义相关性的查询推荐排序模型,该模型考虑了查询推荐短语中查询字之间的语义相似性,以及与查询推荐短语相似的查询短语的频率等特征。具体而言,我们提出如下模型。

① L2R-UP 模型,考虑了查询推荐频率的观测结果和预测结果。

② L2R-UPH 模型,考虑了查询推荐短语的同源查询短语频率的观测结果和预测结果。

③ L2R-UPS 模型,考虑了查询推荐短语中多个查询字之间,以及查询推荐短语与当前会话中多个查询的语义相关性。

④ L2R-ALL 模型,考虑了所有新构建的特征。

针对这些新模型,我们提出以下研究问题。

研究问题 RQ7,在对基于用户行为相关特征的查询推荐模型效果不产生消极影响的情况下,最新构建的描述查询推荐观测频率和预测频率等特征对提升查询推荐模型的性能都帮助吗,即 L2R-UP 相比 L2R-U 性能如何?

研究问题 RQ8,语义特征对改善查询推荐性能有帮助吗,即 L2R-UPS 相比 L2R-UP 性能如何?

研究问题 RQ9,相似查询对改善查询推荐性能有帮助吗,即 L2R-UPH 相比 L2R-UP 性能如何?

研究问题 RQ10,L2R-UPS 相比 L2R-UPH 性能如何? 如果所有的特征都加入学习模型中,查询推荐性能又可以提高多少?

　　研究问题 RQ11,哪些特征是提出模型中的主要特征,影响着模型的性能?

　　实验分析表明,语义相关性和相似查询的特征都非常重要,而且它们确实有助于提升查询推荐的性能。特别的,在 L2R-UP 基础上的 L2R-UPS 模型的 MRR 值在对长的查询前缀来说性能更高。这意味着,语义相关性的特征确实非常重要,极大地提升了查询推荐的性能。换句话说,当一个搜索者构建一个查询时,查询词语不是随机结合的。语义上接近的查询字或查询短语可能会同时出现在一个查询或同一个查询会话中。

　　我们对 L2R-UP 进行了进一步扩展来检验相似查询的特征对查询推荐的贡献度。整体来看,就 MRR 和 SR@1 两个指标而言,L2R-UPH 要优于 L2R-UP。L2R-UPH 结果的 MRR 值要比 L2R-UP 的 MRR 值高出接近 2%。有趣的是,对较短的查询前缀(如 $\sharp p = 1$ 或 2)而言,MRR 改进更大。这是由于较短的查询前缀能产生较短的查询推荐,从而容易获取与查询推荐相似的查询短语,因此可以提取更丰富的来自相似查询的特征。

　　在第 6 章中,我们信息检索中查询推荐的一个实际问题,由于在当前主流检索系统中与输入前缀相匹配的语义相关查询都是同时返回的,这造成了查询推荐列表有很多的冗余度。我们通过一个查询筛选贪婪模型对多样化查询推荐的这一问题进行了研究,目的在于移除查询推荐列表中的冗余的查询推荐,使得查询推荐列表覆盖尽可能多的查询主题。具体而言,我们提出一些查询筛选贪婪模型,并根据不同的设置产生了四个查询推荐贪婪模型,即 GQS_{MPC+AQ}、GQS_{MSR+AQ}、GQS_{MPC+LQ} 和 GQS_{MSR+LQ},分别对应模型中先选择最流行的查询推荐,再将会话中的所有查询作为搜索上下文环境、先筛选语义最相似的查询推荐,再将会话中的所有查询作为搜索上下文环境、先筛选最流行的查询推荐,只把此前的最后一个查询作为搜索上下文环境、先筛选语义最相似的查询推荐,只把此前的最后一个查询作为搜索上下文环境。我们回答下列研究问题。

研究问题 RQ12,以查询推荐排序的准确性和多样化为度量指标,本书提出的查询筛选贪婪模型比多样化查询推荐基准方法要好吗?

研究问题 RQ13,第一个初始选择的查询推荐对查询筛选贪婪模型在多样化查询推荐上的性能有怎样的影响?

研究问题 RQ14,查询筛选贪婪模型中搜索上下文的选择,即当前会话中所有早先的查询,还是当前会话中最后一个查询,对多样化查询推荐的性能有怎样的影响?

研究问题 RQ15,当进行并排比较时,提出的查询推荐模型的多样化查询推荐性能怎么样?

研究问题 RQ16,GQS 模型的灵敏性怎么样?具体而言,诸如返回的查询推荐查询的数量、在 BRMF 用到的特征数量 k_f,以及在识别搜索意图时控制搜索频率和搜索环境贡献度的权衡因子 λ 等因素,对模型性能有怎样的影响?

实验结果证明,查询筛选贪婪方法确实能有效地移除原始查询推荐列表中的冗余的查询推荐短语,使查询推荐列表涵盖更多的查询主题,同时能将用户最后提交的查询尽早地返回在查询推荐列表的靠前位置。然而,就 MRR 而言,查询筛选贪婪模型相对于传统查询推荐方法的提高是有限的。至于多样化指标,模型给出了较大的提高。原因在于,对有些测试案例,查询筛选贪婪模型确实可移除查询列表中冗余的查询推荐,但是对有些测试案例,这些冗余的查询推荐排在原始查询推荐的靠后位置,低于用户实际提交的查询。这样不影响 MRR 指标值,却影响多样化指标值,如 α-nDCG@10。

通过实验结果比较可以发现,查询筛选贪婪模型中第一个查询的选择确实对查询推荐的准确性和多样性有影响。当选择语义最相似的查询推荐,而非查询次数最高的查询推荐时,查询筛选贪婪模型的性能更佳。这主要是由于用户通常在一个信息检索会话中,提交语义相似的查询短语。关于查询筛选贪婪模型中搜索上下文的选择,我们发现模型仅将会话中最后一个查询作为搜索上下文要比将会话中所有的查询作为搜索上下文表现出要好的 D-QAC 性能。另外,我们还发现,当返回更多初始查询推荐时,该模型相比传统查询推荐模型的优势变得更明显。

最后,我们研究如何合适地将个性化有效地融合到传统的查询推荐方法上。假定个性化的权重在一个混合查询推荐模型(在对查询推荐进行排序时同时考虑搜索频率和搜索上下文环境)中,可以动态地分配,而非采用一个固定的值。为此,我们提出一个选择性的个性化查询推荐模型来研究这个权衡因子的衡量。具体而言,在回归模型的基础上,我们对每个测试例子都预测一个有效的权衡因子,而在回归模型中考虑用户输入的前缀、点击的文件,以及查询主题的变化等因素。这些因素用来衡量查询推荐模型中个性化的权重。为此,我们研究了以下两个问题。

研究问题 RQ17,在传统的个性化查询推荐方法中,选择性个性化策略对提升查询推荐的排序正确性是否有帮助?

研究问题 RQ18,回归模型中的多个输入因子对 SP-QAC 模型个性化的权衡,以及最终性能有何影响?

我们论证了在一个查询推荐模型中用户已输入的的查询前缀对个性化的影响最大,而查询主题之间的变化比点击的文档信息对个性化的影响更大。这项工作为研究个性化何时、如何融入查询推荐模型这方面工作迈出了重要的一步。将来,我们会继续探索其他途径来更好地实现个性化查询推荐,例如挖掘用户在点击结果处的停留时间,以及用户长期的搜索历史等信息。

8.2 进一步的工作

本书展示的工作为信息检索中的查询推荐提供了一些见解和算法。除上述概括的主要研究发现和结论外,本书还指出未来的若干工作方向。下面,我们主要从时效性查询推荐、基于机器学习的查询推荐,以及多样化查询推荐等方面探讨后续研究方向。

(1) 时效性查询推荐

由于传统的查询推荐方法主要涉及对初始返回的前 N 个查询推荐进行重新排序[2-8],通常 $N=10$。当然,也可以对 $N>10$ 情况下仔细分析实验性能。通过考察时间相关信息,较大的 N 值可能会增大查询推荐列表包含正确查询推荐的可能性。同时,我们想要将本书提出的模型方法转移到更大的包含更长时间的查询记录数据集上,相比当前工作所用的数据集,更长时间的查询记录能使我们更加准确地预测查询推荐未来的查询频率,从而提高基于查询频率的查询推荐方法的性能。

此外,我们可以研究查询推荐中的"冷启动"问题,就是无法获得用户的长期搜索记录时候,如何利用已知信息,扩充用户个性化信息。这个问题可以通过找到一组相似用户的搜索记录来解决,因为具有共同搜索偏好的用户可能有相似的长期搜索历史[9]。换句话说,我们可以从一个相似用户群体兴趣来预测一个用户的兴趣。

此外,可以研究用户的时效性信息需求,特别是针对新闻搜索。有资料表明,包含时效性信息需求的查询在整个查询流中占有可观的百分比[10,11]。在信息检索中,考虑失效性方面的需求已经被信息检索方案所采纳[12-14]。在正确检测到用户的时效性需要后,开发一种融合时效性需求的查询推荐策略可以提高用户的使用满意度。这些时效性需求可以直接通过类似年、月、日等直接表达,或通过对当前会话中先前的查询、后点击的文件的时效性内容间接地获取。

（2）基于机器学习的查询推荐

典型地，在一个基于机器学习的查询推荐框架中，大量的特征被提出来获取查询中有意义的数据，进而改进查询推荐排序的质量。因此，效率是非常重要的因素，在实际查询推荐系统中需要重视，研究各种方法的效率；并行处理在特征抽取中应该能提升模型的学习效率。此外，寻找相似查询或提取语义特征计算虽然复杂，但是可以提高查询推荐排序性能。再者，在线查询推荐系统应该注意用户输入后的系统响应时间，即在用户输入查询前缀后，需要及时地返回查询推荐列表。因此，怎样存储这些查询推荐以便可以快速查找是一个关键点。

除了提出的基于同源查询词的语义相似度特征，我们希望开发对查询推荐有更深理解的新特征。例如，我们可以借助高分辨率的查询记录[15,16]，分析用户每次敲击键盘的细节交互数据，从而获取丰富的交互特征，构建用户隐式反馈的行为特征，从而识别用户的检索意图。此外，可以考虑用户观察查询推荐列表的习惯及打字速度等特征[17]，为预测用户查询偏好提供支撑。

（3）多样化查询推荐

在当前的 D-QAC 问题解决方法中，查询主题各方面的真实数据是由点击文档数据自动生成的。未来研究可以基于人工判断生成查询主题，而不是机器自动生成。同时，研究人类判断和机器自动方案在查询主题识别上的不同点，也将改进现有的多样化查询推荐模型。

此外，更好地处理查询中的"冷启动"问题将极大地提高查询推荐的性能，可以通过合理的方法有效获取相似的查询短语，实现未知查询短语的主题识别问题。

（4）其他研究点

站在更宽的视角看，可以考虑查询中的实体信息来提高查询推荐性能。有报告指出，查询记录中有很大一部分查询包含实体。但是，需要一个自动化方法来识别查询中的实体，包括查询划分、实体分类，以及在已知实体基础上的实体映射等。类似的方法已在网页搜索中得到研究[18]，可以借鉴相关理论方法来解决查询推荐问题。

另一个方向是发展移动搜索方面的查询推荐模型。移动设备上的搜索引擎的使用在过去几年经历了快速发展[19]。目前移动搜索中特定环境的查询推荐问题还没有很好的研究结论。由于移动设备屏幕较小，相较传统的桌面搜索，文本输入相对慢且复杂，因此协助用户构建他们的查询特别值得关注。此外，先前的查询推荐方法没有完全考虑查询推荐的时空信息，如查询时间、用户移动的方向或用户与查询推荐之间的位置信息。这些时空信息对移动端搜索的查询推荐问题应该非常重要，特别是解决移动设备上的位置地点等查询构建问题。

参 考 文 献

[1] Jiang J Y,Ke Y Y,Chien P Y,et al. Learning user reformulation behavior for query auto-completion// Proceedings of the 37th International ACM SIGIR Conference on Research and Development in Information Retrieval,2014.

[2] Bar-Yossef Z,Kraus N. Context-sensitive query auto-completion// Proceedings of the 20th International World Wide Web Conference,2011.

[3] Cai F,Liang S,de Rijke M. Time-sensitive personalized query auto-completion// Proceedings of the 23rd ACM Conference on Information and Knowledge Management,2014.

[4] Cai F,de Rijke M. Learning from homologous queries and semantically related terms for query auto completion. Information Processing and Management,2016,52(4):628-643.

[5] Cai F,Liang S,de Rijke M. Prefix-adaptive and time-sensitive personalized query auto completion. IEEE Transactions on Knowledge and Data Engineering,2016,28(9):2452-2466.

[6] Shokouhi M,Radinsky K. Time-sensitive query auto-completion// Proceedings of the 35th International ACM SIGIR Conference on Research and Development in Information Retrieval,2012.

[7] Shokouhi M. Learning to personalize query auto-completion// Proceedings of the 36th International ACM SIGIR Conference on Research and Development in Information Retrieval,2013.

[8] Whiting S,Jose J M. Recent and robust query auto-completion// Proceedings of the 23rd In-

ternational World Wide Web Conference,2014.

[9] Pan W,Chen L. GBPR:group preference based bayesian personalized ranking for one-class collaborative filtering// Proceedings of the 23rd International Joint Conference on Aitificial Intelligence,2013.

[10] Metzler D,Jones R,Peng F, et al. Improving search relevance for implicitly temporal queries// Proceedings of the 32nd International ACM SIGIR Conference on Research and Development in Information Retrieval,2009.

[11] Nunes S,Ribeiro C,David G. Use of temporal expressions in web search// Proceedings of the 30th European Conference on Information Retrieval,2008.

[12] Campos R,Dias G,Jorge A, et al. Survey of temporal information retrieval and related applications. ACM Computing Surveys,2014,47(2):1-41.

[13] Diaz F,Dumais S,Efron M, et al. Workshop on time-aware information access// Proceedings of the 36th International ACM SIGIR Conference on Research and Development in Information Retrieval,2013.

[14] Peetz M,Meij E,de Rijke M. Using temporal bursts for query modeling. Information Retrieval Journal,2014,17(1):74-108.

[15] Li L,Deng H,Dong A,et al. Analyzing user's sequential behavior in query auto-completion via Markov processes// Proceedings of the 38th International ACM SIGIR Conference on Research and Development in Information Retrieval,2015.

[16] Li Y,Dong A,Wang H,et al, A two-dimensional click model for query auto-completion// Proceedings of the 37th International ACM SIGIR Conference on Research and Development in Information Retrieval,2014.

[17] Mitra B. Exploring session context using distributed representations of queries and reformulations// Proceedings of the 38th International ACM SIGIR Conference on Research and Development in Information Retrieval,2015.

[18] Reinanda R,Meij E,de Rijke M. Mining,ranking and recommending entity aspects// Proceedings of the 38th International ACM SIGIR Conference on Research and Development in Information Retrieval,2015.

[19] Church K,Oliver N. Understanding mobile web and mobile search use in today's dynamic mobile landscape// Proceedings of the 13th International Conference on Human Computer Interaction with Mobile Devices and Services,2011.